Mätressen

Yury Winterberg

Mätressen

Die geheime Macht der Frauen

vgs
EGMONT

Bibliografische Information der Deutschen Bibliothek
Die Deutsche Bibliothek verzeichnet diese Publikation in der Deutschen Nationalbibliografie; detaillierte bibliografische Daten sind im Internet über http://dnb.ddb.de abrufbar.

Das Buch »Mätressen – Die geheime Macht der Frauen« entstand in Anlehnung an die gleichnamige Fernsehserie, die mit dem MDR konzipiert und von LE VISION im Auftrag der ARD produziert wurde.

Bildnachweis:
S. 10, 27, 68, 101, 128, 157: © AKG, Berlin

Szenen-Fotos: Thomas Schulze

1. Auflage 2005

Redaktion: Michael Büsgen
Lektorat: Tanja Dürdoth
Produktion: Sandra Pennewitz
Umschlaggestaltung: Metzgerei Strzelecki, Köln
Layout und Satz: Hans Winkens, Wegberg
Umschlagfotos: © ARD
Printed in Germany
ISBN 3-8025-1705-9
Ab 01.01.2007:
ISBN 978-3-8025-1705-1

www.vgs.de

INHALT

Vorwort

Dieses Buch entstand während der Recherchen zu der dreiteiligen ARD-Dokumentation »Mätressen« in enger Zusammenarbeit mit dem Regisseur Jan Peter. Von ihm stammte auch die Idee, einen Blick in die Schlafzimmer der großen Herrscher zu werfen – wo sich nur selten Ehefrauen aufhielten. Jan Peter interessierte die Frage, weshalb Könige, Sultane und sogar Päpste der Verführungskraft ihrer Mätressen erlagen und sich dabei in dramatische Konflikte zwischen Liebe und Macht verstrickten. Was unterschied diese Frauen von den von ihnen besiegten Konkurrentinnen? Was bedeutete es für sie, sich gegen ihre vorgezeichnete Rolle aufzulehnen?

Die Mätressen wurden als Märchenprinzessinnen verherrlicht und als Landesverderberinnen verdammt. Sie verdankten ihren Erfolg weder Heirat noch Abstammung, sondern eigenem Handeln. Sie faszinieren noch heute, weil sie ihre Männer nicht nur durch Schönheit, sondern auch durch Klugheit eroberten, weil sie Macht gewannen und diese zu nutzen verstanden. Verbotene Liebschaften gab es seit Anbeginn der Menschheit, wenn sich auch die Formen der Affären und die Namen, die den darin verwickelten Frauen gegeben wurden, immer wieder änderten. Der Bogen reicht über die Hetären der Antike, die Kurtisanen der Renaissance bis zu den Mätressen der barocken Hofgesellschaft.

Bei unseren Nachforschungen stießen wir immer wieder auf die Versuche, die skandalösen Spuren der Mätressen aus der Geschichte zu tilgen. Ihre Schlösser und Gräber wurden vernichtet, ihre Briefe gefälscht, ihre Absichten und Handlungen bösartig verzerrt. Diese Frauen waren keine pathologischen Berufsintrigantinnen, aber sie waren ebenso wenig frühe Feministinnen. Sie wollten sorgenfrei leben, und sie wollten, dass es ihrer Familie und ihren Kindern gut erging; dafür setzten sie ihren Verstand und ihren Körper ein. Sie spielten die Spiele ihrer Zeit mit, in der für hohe Moral wenig Platz war und die ihnen keine anderen Möglichkeiten bot.

Die großen Mätressen waren gebildet, ironisch und kultiviert. Manche waren alles andere als klassische Schönheiten und stachen gerade deshalb besonders hervor. Mit ihrem Selbstbewusstsein hätten sie durchschnittlichen Männern wahrscheinlich Angst eingeflößt – doch ihre Liebhaber waren alles andere als durchschnittlich. Durch ihre intime Nähe zu mächtigen Herrschern gewannen sie Einfluss auf Entscheidungen von historischer Bedeutung.

Drei glanzvolle Reiche stehen im Mittelpunkt dieses Buches: das Rom der Renaissance-Päpste, das Istanbul im Goldenen Zeitalter der Osmanen, das Paris des Sonnenkönigs. Es geht dabei nicht um eine Gesamtdarstellung der Geschichte der Mätressen, sondern um exemplarische Geschichten, die unsere Welt nachhaltig bewegten – und etliche Dramen späterer Zeiten schon vorwegnahmen.

Manches an diesen Schicksalen ist uns heute noch vertraut: das törichte Benehmen von Männern angesichts erotischer Verlockung, die Eifersucht von Freundinnen, die den gleichen Mann begehren, die Tragik der alternden Geliebten, die von einer um vieles Jüngeren ausgestochen wird. Andererseits steckt viel Fremdes in den Geschichten der Mätressen. Worte wie Liebe oder Freiheit wurden damals so häufig benutzt wie heute, doch sie bedeuteten etwas anderes. Liebe war nicht unbedingt nur an einen Partner gebunden – und im Übrigen so gut wie nie an die Ehe. Freiheit bedeutete vor allem, finanziell gesichert zu sein, ein selbstbestimmtes, unabhängiges Leben war für die wenigsten Menschen ein erstrebenswertes Ziel. Bei der Liebeswerbung hörte meist der halbe Hof mit, und selbst der Beischlaf geschah oft im Beisein von gleichmütigen Dienern.

Liebten die Mätressen die Herrscher an ihrer Seite, oder benutzten sie diese nur, um ihre eigenen Zwecke zu verfolgen? Darüber schweigen die historischen Quellen, wir sind auf vage Vermutungen angewiesen. Die umgekehrte Frage, ob die mächtigen Männer ihre Mätressen liebten, lässt sich einfacher beantworten – mit Ja. Denn oft handelten sie gegen ihre eigenen Interessen und brachten manchmal sogar ihr Reich in Gefahr, nur um ihren Geliebten zu gefallen. Geschichte wurde niemals nur von Männern gemacht. Die großen Mätressen sind der Beweis.

ALEXANDER·VI·PAPA·VALENTINVS·HISP.

Im Bett mit dem Papst

Die Braut Christi

Die italienische Renaissance verkörpert eine der schillerndsten Epochen der Geschichte, eine Zeit der Extreme voller Liebe und voller Gewalt. Rom gegen Ende des 15. Jahrhunderts ist eine Welt greller Kontraste. Das antike Kleid ist der Stadt zu groß geworden, in den monumentalen Marmortrümmern der Kaiserzeit weiden tags die Schafe, streifen nachts Wolfsrudel umher, denen allenfalls Wegelagerer und Banditen den Lebensraum streitig machen. Die Straßen bestehen aus Schlamm, Schutt und Kot. Den Vergleich zu Metropolen wie Venedig, Florenz oder Paris würde niemand wagen, und doch regt sich ein unerhörter Lebenswille. In der Antike von über einer Million bewohnt, zählte Rom im Mittelalter mitunter weniger als 20 000 Menschen. Einst Hauptstadt der Welt, seit einem Jahrhundert zumindest wieder Sitz der Päpste, vollzieht sich nun ein atemberaubender Aufstieg von der entvölkerten Ruinenlandschaft zum Mittelpunkt der westlichen Hemisphäre. Rom schickt sich an, den bisherigen Zentren der Renaissance durch eine ins Extrem gesteigerte Bautätigkeit, durch den Zuzug von Malern und Dichtern, Kirchenmännern und Prostituierten den Rang abzulaufen.

Das Herzstück dieses neuen Rom ist der Rione di Ponte. An seinen von der Engelsbrücke abgehenden Gassen drängen sich Paläste, Geschäftshäuser, Herbergen und Schenken. Hier unterhalten die großen europäischen Bankiers Niederlassungen; hier wohnen, in unmittelbarer Nachbarschaft zu Prälaten, Hofbeamten und Kaufleuten die Künstler, die Huren und die Kurtisanen. Dieses Viertel hat schon viele rauschende Feste und Umzüge erlebt. Dennoch erregt das Hochzeitsgeleit, das sich am 9. Mai des Jahres 1490 seinen Weg durch die bevölkerten Straßen bahnt, staunende Bewunderung.

Die 15-jährige Braut reitet auf einem Schimmel, ein Hauch von weißer Seide umweht sie, und ihr blondes Haar krönt ein goldener Blätterkranz. Atemberaubender noch als ihr Aufzug ist ihre Schönheit. Vom nächsten Tag an wird Giulia Farnese in Rom »Giulia Bella«, die schöne Giulia, genannt werden. Neidische Blicke gelten dem Bräutigam, der trotz seines linkischen Benehmens und eines auffälligen Makels, er ist einäugig, um eine hochmütige Miene bemüht ist. Dazu ist er per Geburt verpflichtet, immerhin führt Orso Orsini den Namen eines der ältesten und mächtigsten Adelsgeschlechter Roms.

Für Aufsehen sorgt auch, dass der Hochzeitszug durch das Portal eines Palazzo entschwindet, von dem sich die Römer wahre Wunderdinge erzählen. Seine Pracht sei eines Königs oder Papstes würdig, sagen die einen; andere meinen, er glänze so von Gold wie einst der sagenhafte Palast des Kaisers Nero. Wem wie der Hochzeitsgesellschaft das Privileg zuteil wird, den Palast in Augenschein zu nehmen, der betritt eine märchenhafte Welt. Dreistöckige Bogenhallen umrahmen einen großzügigen Loggienhof mit erlesenen Gehölzen und üppigen Blumenbeeten, zwischen denen Statuen und Sarkophage, Säulen und Marmorfragmente von der Leidenschaft des Besitzers für das Altertum künden. Gleich mehrere Empfangssäle begrüßen den Gast. Die Wände sind mit Goldbrokat tapeziert und mit Gobelins geschmückt, während Seidendiwane unter golddurchwirkten Samtbaldachinen zum Sitzen einladen. Sogar der Boden ist mit Teppichen belegt; diese orientalische Sitte gilt als der Inbegriff des dekadenten Luxus. Mit Goldgeschirr überladene Kredenzen markieren den Übergang zu den privaten Sammlungen des Hausherrn: seltene Bücher, ein Münzkabinett, Messgewänder, Altargeschirr, kostbare Perlen und Juwelen.

All diese Räume durchschreiten Braut und Gefolge mit atemlosem Staunen. Der Palast samt seinen Reichtümern gehört weder den Ehe schließenden Farnese noch den Orsini, sondern dem spanischen Kardinal Rodrigo Borgia. Als Vizekanzler des Heiligen Stuhls dient Borgia nun schon dem fünften Papst und wird von niemandem in Rom an Macht und Einfluss übertroffen. Im Sternensaal des Palazzo wartet das Hochzeitsbankett, das durch Musik und die derben Späße eines Narren aufgelockert wird. Die mythologischen Anleihen einer Tanzaufführung dienen zum Vorwand einer lasziven Schaustellung, die die Sinne der Anwesenden erhitzt. Den Damen wird Hochzeitskonfekt mit verzuckerten Mandeln, Confetti genannt, in die Busenausschnitte gesteckt. Die schöne Giulia in ihrem umwerfenden Brautgewand muss einen überwältigenden Eindruck hinterlassen haben – und zwar nicht nur bei ihrem Ehemann Orso, sondern auch bei dem Gastgeber Rodrigo Borgia.

Der Leichtigkeit und Eleganz des Festes ist nicht anzusehen, welch ein schwieriges Geschäft ein Ehearrangement damals darstellt. Eine Heirat in der Renaissance hat viele Aspekte wie etwa die Versorgung der Kinder oder die Vergrößerung von Reichtum und Macht – Liebe spielt dagegen keine Rolle. Oft wird sie von den Familien bereits unter Kindern im Alter von nicht einmal zehn Jahren verabredet und wieder gelöst, wenn sich eine bessere Partie bietet. Gewichtige Vertragswerke, von erfahrenen Notaren aufgesetzt, listen mitunter nicht nur die Mitgift der Braut auf und den Modus der Steuerzahlungen, sondern regeln auch den Umgang mit dem Liebhaber. Bei der Verbindung zweier alter Adelsfamilien wäre dies freilich undenkbar – ebenso undenkbar wie die unmittelbare Beteiligung des Brautpaares an der Ausarbeitung des Vertrages. Der Ehekontrakt zwischen Orso Orsini und Giulia Farnese ist vor einem Jahr in eben diesem Palast des Kardinals Borgia ausgehandelt worden. 3 500 Dukaten bringt Giulia außer ihrer Schönheit in die Ehe ein. Dies garantieren ihre Brüder Angelo und Alessandro, denn Giulias Vater ist bereits verstorben. Auch Orso Orsini ist Halbwaise; seine Mutter Adriana del Milà ist eine enge Verwandte Rodrigo Borgias, der seither als Orsos Vormund fungiert. Er wird von jenem, wie Adriana zu sagen pflegt, »gefürchtet wie ein leiblicher Vater«.

Die Farnese sind alter rauer Landadel, die nicht einmal einen römischen Palazzo besitzen, wie es längst Mode ist. Auf ihrer Burg Capodimonte am Bolsena-See herrscht das unverfälschte Mittelalter. Die Farnese-Männer sind keine geschliffenen Höflinge, sondern ungehobelte Krieger, die gelegentlich noch die Sitte pflegen, fromme Rompilger nach Raubritterart zu überfallen und auszuplündern. Giulias Mutter Giovannella ist dagegen eine Caetani; dieses Geschlecht hat vor Urzeiten einen bedeutenden Papst und viele Kardinäle hervorgebracht, und die Farnese haben gehofft, durch diese Verbindung den entscheidenden Schritt aus der Provinz ins Zentrum der kirchlichen Macht tun zu können. Doch der Stern der Caetani ist gerade im Sinken begriffen, und Giovannella begnügt sich mit einer, wenn auch einträglichen, Schafzucht. Für die Farnese, die endlich in Rom Fuß fassen wollen, sind Frauen lediglich eine Währung, die man gegen anderes kostbares Gut eintauscht. Adriana und Orso besitzen eine Burg in Bassanello (bei Viterbo) und einen Palazzo auf dem Monte Giordano, unweit des Palastes Rodrigo Borgias. Der Vormund Orsos ist der eigentliche Grund für das Interesse der Farnese an dieser Verbindung. Mit Kardinal Borgia verwandt und freundschaftlich verbunden zu sein – das ist wertvoller als Gold.

Selbst die Hochzeitsnacht ist eine öffentliche Angelegenheit. Von Zofen entkleidet, besteigen die Eheleute das Bett, wobei dem Gatten die rechte Seite neben seiner Frau zusteht. Sobald sie nackt unter Leinen und Decke liegen, treten der Sitte gemäß die Väter des Brautpaares ein. Die Frischvermählten werden im Beisein der Ehestifter von den Brautjungfern bis zum Nabel entblößt, worauf sie sich umarmen und so den Vollzug zumindest symbolisch besiegeln. Bei dieser Hochzeit gibt es eine Abweichung von der Tradition: Die Stelle der bereits verstorbenen Väter nehmen Rodrigo Borgia auf der einen, Giulias Bruder Alessandro auf der anderen Seite ein.

Es spricht einiges dafür, dass die Leidenschaft des alternden Kardinals für die schöne Giulia ausgerechnet während dieses Hochzeitsfestes entflammt. Um 1490/91 wird aus den beiden ein außergewöhnliches Liebespaar, selbst für die Maßstäbe der Römer in der Renaissance, denen an sich wenig Menschliches fremd ist. Rodrigo Borgia ist 60, Giulia Farnese ist gerade einmal 15 Jahre alt. Giulia ist mit einem anderen frisch verheiratet, dessen Vormund ihr Geliebter Rodrigo ist, und ausgerechnet ihre Schwiegermutter Adriana betätigt sich als Kupplerin dieser Liaison. Umgekehrt ist es Rodrigo Borgia als Kardinal zwar unmöglich, zu heiraten; von erotischen Verstrickungen hält ihn sein strenges Keuschheitsgelübde jedoch nicht ab. Darin ist er nicht etwa ein einzelnes schwarzes Schaf, sondern ein typischer Vertreter der Kirche seiner Zeit.

Die großen Kurtisanen

Sie trugen klangvolle Namen, führten ein Leben im Luxus und wurden von Dichtern gefeiert. Prominentester Kunde der Fiametta war der Papstsohn Cesare Borgia; ihr Haus trägt in Rom noch heute ihren Namen und liegt an der »Piazza Fiametta«. Unmittelbar neben dem Palast der Borgia (dem heutigen Palazzo Sforza-Cesarini) befindet sich der unscheinbare Vicolo Cellini. Das Haus mit der Nummer 31 ist mit Renaissance-Graffiti verziert und gehörte ebenfalls einer Edelprostituierten, wobei zu ihrer Zeit die Gasse noch Via »Calabraga« hieß, was nichts anderes bedeutet als »Lass die Hosen herunter«. Die berühmteste aller Kurtisanen aber war Lucrezia de Cognatis, die in Rom jeder nur als »Imperia« kannte. Sie war die Geliebte von Agostino Chigi, einem der reichsten Männer seiner Zeit und Bankier von Papst Alexander VI. Als sie von Chigi verlassen wurde, beging sie im Alter von nur

31 Jahren Selbstmord. Der Bankier errichtete ihr daraufhin ein prächtiges Marmorgrab, das noch heute im Innenhof einer der ältesten römischen Kirchen, San Gregorio Magno, zu sehen ist. Als einziges Kurtisanengrab in ganz Rom hat es die Zeiten überstanden. Das Grab (am hinteren Ende der linken Seite des Innenhofs) wurde 1653 allerdings kurzerhand von einem Kardinal annektiert, der die sterblichen Überreste Imperias entfernen und sich statt ihrer darin beisetzen ließ.

Zeitgenossen wie der Humanist Gaspare da Verona preisen das Erscheinungsbild Kardinal Borgias in den höchsten Tönen: »Der Vizekanzler ist ein gut aussehender Mann mit fröhlicher Miene und heiterer Anmutung. Seine Sprache ist sanft und kultiviert. Er entzückt vornehme Damen, wo immer er sie trifft, und stärker als der Magnet das Eisen anzieht, bringt er sie dahin, sich in ihn zu verlieben. Doch wird gesagt, dass er sie alle unberührt fortschickt.« Dieses Lob liegt freilich Jahrzehnte zurück – und der letzte Satz ist lediglich eine höfliche Lüge. Zur Zeit seiner Affäre mit Giulia hat zwar nicht sein sexueller Appetit, jedoch sein Aussehen erheblich gelitten. Die Porträts, die wir von Rodrigo Borgia kennen, zeigen fleischige Lippen, eine große gebogene Nase, buschige Augenbrauen, ein fliehendes Kinn und einen fast kahlen Schädel mit einem spärlichen Kranz grauer Haare. Die Zeitgenossen – und vielleicht auch Giulia – mögen ihren Augenschein dem legendären Ruf eines Verführers und dem

Glanz, der zu allen Zeiten von seiner Macht und seinem Reichtum ausgeht, entsprechend angepasst haben. Obwohl der Kardinal recht beleibt ist und sein Blick eher durchdringend als einnehmend wirkt, beschreibt ihn ein Chronist noch 1493 folgendermaßen: »Er ist von hoher Gestalt, von mittlerer Farbe; seine Augen sind schwarz, sein Mund etwas voll. Seine Gesundheit ist blühend. Jedes unzivilisierte Wesen ist ihm fremd.«

Dieser hochkultivierte Mann Borgia nimmt nicht nur Ehebruch in Kauf, als er seine Affäre mit Giulia beginnt. Auch seine langjährige Konkubine Vannozza dürfte die plötzlich ausbrechende stürmische Liebschaft zutiefst verletzt haben. Vannozza Catanei ist die Mutter aller vier zu dieser Zeit noch lebenden Kinder des Kardinals, darunter die bis heute berühmt-berüchtigten Cesare und Lucrezia. Über viele Jahre hinweg, bis zum Auftauchen Giulias, scheint sie die einzige Mätresse eines Erotomanen gewesen zu sein, der fast jede Frau haben konnte. Vannozza hat um 1470 die ungeteilte Aufmerksamkeit von Kardinal Borgia auf sich gezogen, zu einer Zeit, da Giulia noch nicht einmal geboren ist. Damals bereits um die 30, muss sie eine äußerst bemerkenswerte Frau gewesen sein, denn obwohl Vannozza zehn Jahre jünger als Rodrigo ist, gelten Frauen dieses Alters bereits als Matronen, verehrt als Mütter, jedoch indiskutabel als Geliebte. Überaus lebenstüchtig, aber wenig gebildet – sie spricht nicht einmal Latein –, verfügt Vannozza dennoch über das Auftreten einer großen Dame. Aus niederem lombardischen Adel stammend, ist ihr Vater wahrscheinlich Maler, unter ihren Verwandten befinden sich etliche Bildhauer. Dies scheint Anlass zu der Legende gegeben zu haben, Kardinal Borgia hätte einstmals eine Frauenstatue in Auftrag gegeben und diese so liebreizend gefunden, dass er unbedingt das Modell kennen lernen wollte. Das soll Vannozza gewesen sein – und so hätte sich der Kardinal in sie verliebt.

Dient die Ehe damals zwar nicht der Liebe, so doch der Zeugung von Nachfahren. Auf Vannozza trifft allerdings nicht einmal das zu. Dreimal heiratet sie; doch keines ihrer Kinder entspringt ehelichen Freuden. Zu allen vieren bekennt sich Kardinal Borgia, der bei den Arrangements der Ehen Vannozzas eine nicht unwesentliche Rolle gespielt hat. Lange hat die Vannozza ein Haus an der Piazza Pizzo di Merlo bewohnt, direkt neben dem Palazzo Borgia; die Gärten der beiden Grundstücke berührten einander. Dort haben die Borgia-Sprösslinge einen Teil ihrer Kindheit verbracht. Die sexuelle Leidenschaft des Kardinals für die nunmehr 50-jährige Frau ist inzwischen erloschen, was sich auch geographisch dadurch ausdrückt, dass Vannozza nicht mehr in der unmittelbaren Nachbarschaft, sondern mit etwas mehr Distanz an der Piazza Branca im Regola-Viertel lebt. Dennoch einen nach wie vor starke Bande die beiden Familien. Zwar studiert Cesare inzwischen Rechtswissenschaften in Perugia und Pisa, doch Lucrezia, mit der Rodrigo große Pläne hat, wird von Vannozzas drittem Mann Carlo Canale, einem berühmten Humanisten aus Mantua, erzogen.

Das Verhältnis zwischen Kardinal Borgia und Giulia Farnese kann Vannozza nicht entgangen sein. Was immer Adriana ihrem ganz unter der mütterlichen Fuchtel stehenden Sohn Orso eingeredet haben mag – sicher ist, dass Giulia bereits kurz nach der Hochzeit nicht mehr mit ihrem Mann, der sich meist in seiner Burg in Bassanello aufhält, zusammenlebt. Froh, das römische Leben in vollen Zügen genießen zu können, entwickelt sich die Affäre für Giulia so stürmisch, dass sie trotz aller Geheimhaltung bald Stadtgespräch ist. Der, den es am meisten betrifft, erfährt es klassischerweise zuletzt: Giulias Ehemann Orso. Als ihm endlich ein Licht aufgeht, trifft ihn der Schock umso tiefer. Im April 1491 bricht Orso überstürzt und ohne Vorwarnung zu einer Pilgerfahrt nach Jerusalem auf. Man kann diese Reise quasi als einen Selbstmordversuch werten, denn angesichts der damaligen Sicherheitslage im Heiligen Land würde ein privater Kreuzzug mit dem Heldentod enden. Allerdings kommt Orso nur bis Florenz, wo ihn verschiedene Briefe erreichen, die seine Rückkehr bewirken. Die überzeugendsten Argumente scheint sein ehebrechender Vormund Rodrigo Borgia selbst gefunden zu haben, denn kurz darauf wird Orso Orsini ein gut bezahlter Condottiere im Dienste des Kirchenstaates. Nun ist er zwar ein Krieger von Berufs wegen, doch heldenhaft ist er danach nie wieder.

Borgia beschränkt sich nicht aufs Korrespondieren; er tröstet die besorgte Giulia so nachhaltig und erfolgreich, dass sie schwanger wird. Um den Jahreswechsel 1491/92 kommt Giulias Tochter Laura zur Welt. Der resignierte Ehemann Orso ist jetzt sogar bereit, Laura als sein Kind anzuerkennen. Damit wird ein Skandal verhindert, den Kardinal Borgia sonst lächelnd wegstecken könnte – nur gerade nicht zu diesem speziellen Zeitpunkt. Papst Innozenz VIII. ist im Juli 1492 gestorben. Das Kardinalskollegium hat sich versammelt, um einen Nachfolger zu wählen, und Kardinal Borgia ist einer der aussichtsreichsten Kandidaten. Zwar war auch der vorige Papst während seiner Amtszeit eifrig um das Wohlergehen seiner leiblichen Kinder bemüht. Doch im Konklave, in dem jede Stimme zählt – und in dem der Spanier Borgia naturgemäß viele Feinde hat – muss auch auf die

Minderheit der sittenstrengen Kardinäle Rücksicht genommen werden.

Einem Papst ist es von jeher vorgeschrieben, ohne irdischen Besitz zu sein, seine Reichtümer wegzugeben, bevor er den Thron Petri besteigt. Diese an sich ehrenwerte Vorschrift eröffnet einem vermögenden Mann wie Borgia gewisse Möglichkeiten, von denen er umsichtig Gebrauch macht. Am Ende hat Rodrigo Borgia bei der Papstwahl die besten Argumente auf seiner Seite: seine Bistümer und Abteien in Spanien und Italien sowie seinen Palast in Rom. Der Senatsschreiber Stefano Infessura merkt in seinem Tagebuch sarkastisch an: »Sofort, nachdem er das Papsttum angenommen, verteilte und gab er den Armen alle seine Güter«, worauf das Verzeichnis der von Borgia bestochenen Kardinäle folgt. Zu besonderem Dank ist der neue Papst Kardinal Ascanio Sforza verpflichtet. Ihm schenkt er unter anderem seinen prächtigen römischen Palast samt seinem Amt als Vizekanzler. Die erhaltenen Reste dieses im 19. Jahrhundert zum Teil zerstörten Palastes heißen noch heute Palazzo Sforza-Cesarini. Aus Rodrigo Borgia wird Alexander VI. – ein deutlicher Bezug auf Alexander den Großen. Die pompöse Geste kommt beim römischen Volk an; es jubelt dem Papst zu. Die ganze Stadt ist mit Blumen und Triumphbogen geschmückt; der Papst reitet auf einem goldgeschmückten Schimmel durch die Stadt, während zu seinen Ehren Lobeshymnen angestimmt werden.

Alexander VI. zieht in den Vatikanpalast und beauftragt den großen Maler Pinturicchio mit der Ausgestaltung neuer Gemächer. Doch es bleibt nicht bei diesem einen Umzug: Ganz in der Nähe des Vatikans steht damals der Palazzo Santa Maria in Portico. Diesen bezieht Giulias Schwiegermutter Adriana gemeinsam mit der Borgia-Tochter Lucrezia. Die hochfliegenden Pläne des Papstes für seine Tochter lassen es ihm nicht mehr opportun erscheinen, Lucrezia bei der eher erdverbundenen Mutter Vannozza zu lassen. Bald vermehrt sich Adrianas Frauenhaushalt nicht nur um zahlreiche Dienerinnen und Zofen, sondern um einen Dauergast: Giulia Farnese. Das Liebesverhältnis mit dem Inhaber des Stuhles Petri vereinfacht diese Wohnlösung ungemein, zumal ein verdeckter Gang in den Petersdom es ermöglicht, ungesehen in die Privatgemächer des Papstes zu gelangen. Der Umstand, dass Rodrigo Borgia geistliches Oberhaupt der allein selig machenden Kirche geworden ist, hält ihn nicht davon ab, seine Beziehung zu Giulia aufrechtzuerhalten. Ein venezianischer Brief nennt Giulia »die Favoritin des Papstes, ein junges Weib von großer Schönheit, von Verstand, Klugheit und Sanftmut«. Und in einem »Avviso di Roma« wird Giulia mit unverhohlenem Spott als »Braut Christi« bezeichnet, ein Begriff, der eigentlich ausschließlich für in Keuschheit lebende Nonnen reserviert ist.

Lorenzo Pucci, einem Verwandten Giulias, widerfährt das Glück, die Papstgeliebte am Weihnachtsabend 1493 im Palazzo Santa Maria in Portico besuchen zu dürfen: »Sie wollte, dass ich das Kind sehe; dasselbe ist schon recht groß, und wie mir scheint, gleicht es dem Papst *adeo ut vere ex ejus semine orta dici possit*« (so sehr, dass es auf den wahrhaftigen Hergang der Zeugung hinzudeuten vermag). Giulia hat sich gerade ihre prachtvollen Haare gewaschen und wärmt sich gemeinsam mit der Papsttochter Lucrezia und ihrer Schwiegermutter Adriana am Kamin. »Madonna Giulia ist voller geworden und wunderschön. In meiner Gegenwart löste sie sich das Haar auf und ließ sich Kopf und Haare zurechtmachen, die ihr bis zu den Füßen niederfielen; nie sah ich etwas dergleichen. Sie trug einen Kopfputz von feinem Linnen und darüber ein Netz wie Rauch mit gewissen Profilen von Gold, so dass sie wirklich wie eine Sonne strahlte.«

Die Papstfamilie

So erstaunlich es auch scheint, dass angesichts seines Vorlebens und seiner ausländischen Herkunft die Römer den spanischen Borgia-Papst feiern, so erfüllt Alexander VI. zunächst tatsächlich die an ihn gestellten Erwartungen. Die betreffen weniger sein Amt als geistlicher Hirte, sondern vor allem weltliche Repräsentanz, die Hoffnung auf ein Ende der anarchischen Zustände, die die Stadt in den letzten Wochen vor der Papstwahl heimgesucht haben. Während einer Sedisvakanz gerät Rom häufig außer Kontrolle, doch selten war es so dramatisch wie nach dem Tod Innozenz' VIII. Viele der 220 Morde, die in nur wenigen Wochen gezählt wurden, geschahen in der Erwartung einer Amnestie nach der Neubesetzung des Heiligen Stuhls. Alexander VI. greift jedoch mit harter Hand durch. Vier neu eingesetzte Kommissare sollen die Klagen der Stadt anhören und für Abhilfe sorgen, während der Papst an jedem Dienstag der Woche eine Audienz für jedermann abhält, um über Bitten und Beschwernisse zu befinden.

Diejenigen Kriminellen, die der Hinrichtung entgehen, landen zumeist in der Tore di Nona, dem berüchtigtsten Gefängnis Roms, am Tiber gegenüber der Engelsburg gelegen. Es ist äußerst bezeichnend für den Geist der Zeit, wen Alexander VI. mit dem Posten des Kerkermeisters von Tore di Nona bedenkt: Carlo Canale, den Mann der Vannozza und Erzieher Lucrezias. Dem feinsinnigen Humanisten, der zugleich als einer der frühesten Förderer einer neu entstehenden Kunstgattung, der Oper, gilt, dürfte das Schreckensamt nicht den Hauch einer unangenehmen Empfindung beschert haben. Wem er diese Ehre verdankt, ist Carlo jederzeit klar: Seine Briefe unterzeichnet er mit Vannozzas Nachname Catanei, und umgekehrt wird er auch von Alexander VI. so angeredet. Carlo ordnet sich frei von Konflikten in die Papstfamilie ein: Mal besorgt er für Cesare Borgia Jagdhunde aus Mantua, mal erweist er Lucrezia den gleichen Gefallen.

Der Regierungsbeginn des neuen Papstes steht auch äußerlich unter einem guten Stern. Zeitgenossen loben seine »vorzügliche Behandlung der Geschäfte« und vermerken: »Auf Geldsachen verstand er sich trefflich.« Leider sind die Schriften aus der Zeit Borgias als Kardinal und Vizekanzler verloren gegangen oder vernichtet worden. Soweit rekonstruierbar, handeln sie meist von der vatikanischen Bürokratie, einem wahren Moloch, den Borgia perfekt zu kontrollieren versteht, was ihm nun als Papst überaus zupass kommt. Manche Päpste, die ihre Kanzlei mit einer Bulle beauftragten, erlebten die Ausfertigung derselben nicht mehr, weil sie die Verfahrenshürden nicht verstanden. Bei Alexander VI. dauert ein solcher Prozess meist nur wenige Wochen. Dieser Mann, den spätere Zeiten zum düsteren Triebtäter stilisiert haben, ist vor allem ein Ordnungs- und Kontrollfanatiker. Selbst seine Konkubine Vannozza und seine Kinder müssen ihm gegenüber über ihre Finanzen, ihre Tätigkeiten, sogar über ihre Moral schriftlich Rechenschaft ablegen.

Ego sum Papa

Als Rodrigo Borgia zum Papst gewählt wird, segelt Kolumbus gerade zum ersten Mal über den Atlantik. Seine Rückkehr löst im Frühjahr 1493 einen Streit zwischen Spaniern und Portugiesen um die von Kolumbus entdeckten Gebiete aus. Alexander VI., als Schlichter angerufen, teilt mit einem Federstrich die Neue Welt zwischen den Kontrahenten auf und verhindert so durch seinen Schiedsspruch einen drohenden Seekrieg. Zum Dank beschenken die Majestäten den Papst mit dem ersten Gold aus der Neuen Welt; dieser verschönt damit die Decken römischer Kirchen und die Hälse römischer Frauen.

Beides ist ihm gleichermaßen ein Anliegen. Sein Einsatz für den Ruhm der Kirche und den Sieg der christlichen Lehre ist durchaus ernst gemeint. »Clipeus Defensionis Fidei Sanctae Romanae Eccclesiae« heißt eine seiner verschollenen Schriften: »Ein Schild zur Verteidigung des Glaubens der Heiligen Römischen Kirche«. Es soll sich dabei um eine Polemik gegen die unmoralischen Doktrinen der neuheidnischen Renaissance gehandelt haben. Andererseits ist Alexander VI. zweifellos einer der weltlichsten Päpste überhaupt, in seiner Amoralität und seiner Kunstsinnigkeit ein Idealtypus der Renaissance. »Dieser Papst ist gewiss kein Geschöpf des Heiligen Geistes«, urteilt ein Diplomat gleich nach der Wahl. Wenn nicht der Heilige Geist, so ist es der Engel der Geschichte, der ihn zum höchsten Amt emporgetragen hat. Diese Epoche vereinigt tiefe Frömmigkeit und ungenierte Sinnlichkeit auf eine wundersame Weise.

Es entsteht damals ein fein abgestuftes System unehelicher Beziehungen. Dem einfachen Mann bieten sich nach wie vor Straßenhuren feil; doch den Adligen und Geistlichen klingt dieses Wort allzu grob für die empfindsamen Ohren. Jetzt wird der Begriff durch einen wohlklingenderen ergänzt: Kurtisane, abgeleitet von »corte«, was ganz neutral »Hofdame« bedeutet. Im Lateinischen, der Sprache, in der Gerichtsprotokolle oder Testamente abgefasst sind, geht die Verhüllung noch weiter. Dort heißen die Edelhuren »curiali« – dieses Wort teilen sie sich mit den Kirchenbeamten, den Kurialen. Diese Frauen sind damit, zumindest auf der sprachlichen Ebene, Angehörige des Klerus. Und sie geben in den gleichen offiziellen Dokumenten als ihren Wohnsitz manchmal sogar »curia romana« an – also den Vatikan. In sittenstrengeren Zeiten hießen die römischen Prostituierten schlicht »Sünderinnen«. Kurtisane dagegen ist nun gleichbedeutend mit »ehrbare Dirne«, zwei Worte, die erstaunlicherweise einander damals nicht ausschließen.

Die Kurtisanen sind der spezifisch römische Beitrag zur Kultur der Renaissance. Die Hauptstadt der Christenheit ist zugleich die Welthauptstadt der Prostitution. Gemeinsam mit ihren Angehörigen machen die Kurtisanen zehn Prozent der Gesamtbevölkerung aus. Sie sind ein wesentlicher Faktor für Wirtschaft und Tourismus, genießen trotz aller Verbote große Freiheiten und werden allseits bewundert. Sie bieten weit mehr als unverbindlichen Sex, sie sind gebildet, bezaubern mit Witz und Esprit, glänzen als Tänzerinnen, Musikerinnen, Dichterinnen. Dieser lukrative Berufsstand, den es in der Renaissance so nur in Rom gibt, zieht Frauen aus halb Europa in die Nähe des päpstlichen Hofes und der diplomatischen Gesandtschaften. Ein Reisender vermerkt erstaunt, dass in Rom die Kurtisane mehr wert ist als die einheimische Ehefrau. Diesen im engen Sinn »ehrbaren« Frauen ist sehr wenig erlaubt. Sie dürfen kaum ihr Haus ver-

Die Wiederentdeckung der Hetäre

Im Rom der Renaissance wird allerhand ausgegraben: antike Statuen wie die Laokoongruppe, die erotischen Verse eines Ovid, die altrömische Kunst des Rufmordes – und das Hetärenwesen.

Beim Studium antiker Autoren stoßen die Humanisten auf ein faszinierendes Thema: die Edelprostitution im alten Griechenland. Das Rückbesinnen auf die Hetären gilt in der Renaissance als zivilisatorischer Fortschritt.

Die antike Hetäre (griechisch für »Gefährtin«) leistete den Männern bei den Festen Gesellschaft, die für die Ehefrauen verboten waren. Sie erfreuten durch Gesang und Tanz, befriedigten gegen Geld sexuelle Bedürfnisse, zählten aber zur ehrbaren Gesellschaft und beteiligten sich an Disputen über Philosophie und sogar Mathematik. Eine der berühmtesten Hetären war Aspasia (470–410 v. Chr.), die regelmäßigen Umgang mit allen großen Denkern ihrer Zeit pflegte.

Sokrates bezeichnete sie als seine Rhetoriklehrerin, und der Staatslenker Perikles wählte sie zu seiner ständigen Gefährtin. Aspasia gründete schließlich eine Schule für Hetären, in der junge Mädchen aus gutsituierten Familien in die Künste und Geheimnisse ihres angesehenen Berufsstandes eingeführt wurden.

lassen, es ist ihnen untersagt, zu singen und zu musizieren. Das Erscheinen auf Festmählern und geselligen Treffen ist ihnen verboten. Es gibt kaum eine zweite Epoche, in der es so reizlos war, ehrbar zu sein – und so erstrebenswert zu sündigen.

Vannozza, die langjährige Konkubine Rodrigo Borgias, weiß jederzeit, was sich gehört. Sie lässt sich mit ihm öffentlich kaum sehen und vermeidet die Teilnahme an jenen ausschweifenden Festen, die danach zum Stadtgespräch werden. Nichts läge ihr ferner, als den Geliebten zu kompromittieren. Als eine mit allen Wassern gewaschene Geschäftsfrau führt Vannozza ein unabhängiges Dasein und errichtet nach und nach in Rom ein kleines Imperium aus Schenken und Herbergen. Das Albergo del Sole ist das älteste noch existierende Hotel der Stadt, heute prunkt es vor allem durch seine Lage in der Nähe des Campo de' Fiori. Damals eine der exklusivsten Adressen der Stadt, verzeichnete es 1489 sogar den französischen Botschafter als Gast – und ging kurz darauf in Vannozzas Besitz über. Noch bemerkenswerter als das Hotel ist ein Wappen, das sich nur ein paar Schritte entfernt an einem Haus im Vicolo del Gallo 12/13 befindet, das noch heute Casa di Vannozza heißt. Es zeigt den Stier und die Streifen der Borgia, dazu zwei mit Werkzeugen ausgestattete Löwen – Zeichen der Herkunft Vannozzas aus einer Handwerker- und Bildhauerfamilie. In der Renaissance war es für eine Mätresse nicht nur möglich, mit dem Namen ihres Geliebten, des Papstes, zu werben; dieses Ansinnen scheint auch wenig Anstoß erregt zu haben. Zu Vannozzas Zeiten wies das Wappen ausgerechnet auf den Eingang in die berüchtigte Taverna della Vacca hin, die das Stammlokal der römischen Huren gewesen sein soll.

Unter Alexander VI. vergeben die päpstlichen Beamten in seinem Namen Lizenzen für Bordelle und Spielhöllen. Die meisten Menschen in der Renaissance bekümmert diese Unmoral ebenso wenig wie die unehelichen Liebesverhältnisse des Klerus, die im deutlichen Widerspruch zum Gebot der priesterlichen Keuschheit, des Zölibates, stehen. Es ist vielmehr das Schachern mit Ämtern und die Verschwendungssucht auf Kosten der kleinen Leute, das für Empörung sorgt.

Das Zölibat

Heute scheint das Zölibat ein ewiger Grundpfeiler der katholischen Kirche zu sein, doch in Wirklichkeit hat das Gebot der priesterlichen Keuschheit eine wechselvolle Geschichte. Im Neuen Testament gibt es keine Hinweise auf das Zölibat, und selbst der Apostel Petrus, der als erster Papst überliefert ist, war verheiratet. In den ersten drei Jahrhunderten nach Christus ist es allen Inhabern von Kirchenämtern erlaubt, zu heiraten und Kinder zu zeugen. Erst im vierten Jahrhundert, nach der Festigung des Christentums als römische Staatsreligion, wird das Zölibat vehement eingefordert.

Dabei spielt nicht nur die Verteufelung der Sexualität als eine unreine Handlung eine Rolle, sondern auch die Angst, dass Priester ihre Ämter sowie kirchliche Besitztümer vererben könnten. Um es durchzusetzen, drohen Päpste und Synoden in den folgenden

Jahrhunderten immer wieder mit drastischen Strafen: lebenslange Haft für unkeusche Kleriker, Versklavung von Priesterfrauen, die in der sozialen Rangordnung unterhalb der Prostituierten angesiedelt werden sollen, 100 Peitschenhiebe für Konkubinen. Auf der Kreuzzugssynode von Clermont 1095 erteilt der Papst die Erlaubnis, militärisch gegen Priesterfamilien vorzugehen. Keine dieser Maßnahmen ist von bleibendem Erfolg gekrönt.

Ein beredtes Zeugnis, wie weit verbreitet die Priesterehe und das Konkubinat waren, ist das »Liber Pontificalis«, aus dem hervorgeht, dass insgesamt 13 der Päpste, die zwischen 300 und 1000 regierten, selbst Priestersöhne waren. Immer wieder sind es ebenfalls Päpste, die ihre Kinder oder ihre Geliebten offen protegieren. Erst im 12. Jahrhundert wird das Zölibat durch das 2. Laterankonzil zu einer kirchenrechtlich verbindlichen Pflicht. Gab es vorher etliche verheiratete Bischöfe, leben von nun an viele Priester gezwungenermaßen in wilder Ehe, allen Widerständen strenger religiöser Reformbewegungen zum Trotz. Übrig bleibt eine verbreitete Doppelmoral: Juristisch eingeführt, wird das Zölibat in der Praxis durch Ausnahmevorschriften immer wieder ausgehebelt. Der erste Papst seit dem 10. Jahrhundert, der offen die Existenz seiner Kinder und Enkel anerkennt, ist Innozenz VIII. (1484–1492), der Vorgänger Alexanders VI. Während seines Pontifikats nehmen die Kinder wichtige Rollen am Papsthof wahr. Die Kirche der Renaissance ist noch

»katholisch« im eigentlichen Sinn des griechischen Wortes – sie ist die eine Kirche, neben der es nichts anderes gibt. Sie muss sich keinesfalls so sorgsam abgrenzen, wie es bald mit dem Einsetzen der Reformation nötig wird.

Erweist sich Alexander VI. von Beginn seines Pontifikates an als überaus umtriebig und energisch, hätten die anfangs so begeisterten Römer eigentlich besser wissen müssen, wem seine Wohltaten vor allem zugute kommen würden. Bald strömen ganze Heerscharen von spanischen Emporkömmlingen und entfernten Verwandten des Papstes in die Stadt, so dass ein Chronist bald klagt, zehn Papsttümer würden nicht ausreichen, um diese Sippschaft zu befriedigen. Vannozzas Kinder sind des Papstes kostbarster Schatz. Sie sollen sein Unterpfand sein, um eine mächtige Dynastie im Kirchenstaat zu errichten, die es mit den großen Königs- und Fürstengeschlechtern in Europa, den Valois und den Habsburgern, den Medici und den Sforza, aufnehmen kann.

Die Päpste streben seit dem frühen Mittelalter nach weltlicher Macht. Sie befinden sich in einer heiklen Position – einerseits als geistliche Hirten der gesamten Christenheit, andererseits als diesseitige Regenten des Kirchenstaates. Der muss sich in der komplizierten geographischen Nähe zu Spanien, Frankreich, dem Kaiser und den Türken behaupten. Anders als den Königen und Kaisern ist es den Päpsten wegen des Zölibates unmöglich, eine Erbfolge zu etablieren. Alexander VI. schert sich nicht um dieses Hindernis.

Seinem Sohn Juan verschafft er das spanische Herzogtum Gandia, Cesare erhält die Kardinalswürde; der Jüngste, Jofré, wird mit einer spanischen Prinzessin verheiratet. Um seiner Tochter Lucrezia eine ähnlich lukrative Verbindung zu ermöglichen, muss der Papst allerdings erst zwei Verlobungen mit spanischen Adligen lösen, die er 1491 als Vizekanzler – ungeheuerlich genug – parallel für sie geschlossen hatte. Am 12. Juni 1493 wird sie mit Giovanni Sforza verheiratet, womit sich der Papst eine strategische Bastion in Norditalien verspricht. Die prächtige Hochzeit nimmt in der zeitgenössischen Berichterstattung breiten Raum ein. Sowohl der Ehemann als auch Lucrezias Brautführer, ihr Bruder Juan, sind nach türkischer Mode mit edelsteinverzierten Turbanen gekleidet. 150 Jungfern geben Lucrezia das Geleit – angeführt von Giulia Farnese, die zur ersten Hofdame Lucrezias ernannt worden ist, sowie einer Enkelin des verstorbenen Papstes Innozenz VIII. Bei dem üppigen Festmahl sitzt Alexander VI. zwischen seiner Tochter und seiner Geliebten, was seinen Zeremonienmeister Burckard zu dem Spott veranlasst, der alte Papst halte sich selbst noch für einen Jüngling.

Der scharfzüngige Stefano Infessura kommentiert diese Heirat in seinem Tagebuch mit den Worten: »Alexander VI. hat die schon von Papst Innozenz eingeführte Gewohnheit, seine weibliche Nachkommenschaft zu verheiraten, fortgesetzt und noch erweitert. Und so strengt sich jetzt der ganze Klerus an, und zwar mit Eifer, Nachkommen zu zeugen, so dass vom höchsten Kleriker bis zum niedersten jeder, als wäre er verheiratet, sich eine Konkubine hält – ganz öffentlich.«

Unter Alexander VI. verwandelt sich der Vatikan vollends in einen fürstlichen Hofstaat. Unterschiedslos sind es feurige Kavaliere und streng gekleidete Prälaten, die den

Frauen auf Banketten und Maskenfesten im Thronsaal des Papstes nachstellen, obwohl dieser im Nebenzimmer seine Gewänder für die Heilige Messe aufbewahrt. Scheinbar ist diese Welt nichts als ein unbeschwertes Vergnügen, doch ist sie in Wahrheit stets aufs Äußerste gefährdet: Ein nichtiger Anlass genügt, und ein Degen wird gezückt. Ein ausgelassenes Fest kann von einer Sekunde auf die andere in ein Blutbad münden. Seuchen sind allgegenwärtig, allen voran die Pest. Die Irrlichter von Kriegen drohen aus der Ferne.

Liebe in Zeiten des Krieges

Das monumentale Mausoleum des Kaisers Hadrian ist zu Beginn des Pontifikats von Alexander VI. kaum mehr als ein Trümmerhaufen. Dass er sofort den Wiederaufbau der Engelsburg befiehlt, wie der Bau mittlerweile heißt, hat keineswegs mit einer besonderen Achtung vor der Antike zu tun. Der Papst braucht eine neue Festung. Er weiß, dass Stürme auf ihn zukommen werden, die er nur mit dem Einsatz aller Kräfte meistern kann. Der Plan ist gut, die neuen Kanonen der Franzosen sind besser, wie sich bald zeigen wird. Ihre schlanken Rohre sind aus Bronze, statt aus Eisen, die Kugeln aus Eisen, statt aus Stein; sie sind auf zweirädrige Lafetten montiert und im Gegensatz zu den herkömmlichen Belagerungsgeschützen außerordentlich beweglich. Im Frühjahr 1494 lässt der französische König Karl VIII. 40 dieser Geschütze nach Norditalien verschiffen und ein multinationales Invasionsheer aufstellen. Sein Ziel ist das Königreich Neapel, dessen Krone er für sich beansprucht. Für den Papst ist es eine gefährliche

Situation, denn der Kirchenstaat liegt als Puffer zwischen Neapel und Frankreich. Neutralität ist keine Option, und die Unterstützung der Süditaliener bringt dem Papst die Feindschaft Karls VIII. ein, eines ruhmsüchtigen, zwergenhaft verwachsenen und wenig intelligenten Knaben, der seine furchtbaren Waffen wie eine Spielzeugarmee im Wohnzimmer hin und her schiebt, doch diese Stube ist Europa.

Zur gleichen Zeit bricht ein Zug von Rom auf, der, so klein er auch ist, die Gedanken des Papstes ebenso beschäftigt wie die Weltpolitik. Lucrezia schickt sich mit ihrem Ehemann Giovanni Sforza an, dessen Herrschaft in Pesaro in Besitz zu nehmen. Begleitet wird sie dabei nicht nur von ihrer Freundin Giulia Farnese sowie der unvermeidlichen Adriana del Milà, sondern auch von ihrer Mutter Vannozza. Dass die abgelegte Geliebte Vannozza die neue Favoritin des Papstes begleitet, könnte als Demütigung erscheinen. Doch das Gegenteil ist wahrscheinlicher. Giulia aus der Nähe des Papstes entfernt zu wissen dürfte ihr eine ebensolche Genugtuung bereitet haben wie der Umstand, dass Giulia lediglich als Hofdame ihrer eigenen Tochter reist, eine paradoxe Situation, denn Giulia stammt aus altem Hochadel, während Lucrezia nur ein Bastardkind ist. Dass alle Frauen, die dem Papst nahe stehen, gemeinsam Rom verlassen, hat dieser selbst verfügt; es herrscht die Furcht vor einer Pestepidemie, und Rodrigo Borgia möchte die Seinen aus der seuchenbedrohten Stadt wissen. Ein Abschiedsgeschenk wahrhaft fürstlichen Ausmaßes soll in Giulia die Erinnerung an den alternden Geliebten wach halten und seiner Bitte Nachdruck verleihen, so bald als möglich nach Rom zurückzukehren: Es handelt sich um einen Ring im Wert von 1000 Dukaten, den ein Goldschmied in aller Eile angefertigt hat.

Das folgende Geschehen ist die am besten dokumentierte Episode der Liebesbeziehung zwischen dem Papst und »Giulia Bella«. Von katholischer Seite wurde jahrhundertelang nichts unversucht gelassen, das skandalöse Verhältnis als böswillige Erfindung abzutun. Diese fromme Hoffnung zerstörte Ende des 19. Jahrhunderts ausgerechnet der katholische Historiker und Diplomat Ludwig Freiherr von Pastor, dessen wissenschaftliche Redlichkeit es trotz seiner Neigung zur Apologie nicht zuließ, den brisanten Fund eines Briefbündels im päpstlichen Geheimarchiv zu unterschlagen. Viele Zeugnisse des Borgia-Papstes, vermutlich von weit harmloserer Natur, sind vernichtet worden, doch die Korrespondenz des Jahres 1494 haben die Kirchenwächter übersehen. In der ganzen Kirchengeschichte steht sie einzig da.

Als »Eurer Heiligkeit zu Füßen liegende unwürdige Dienerin und Sklavin« beschließt Giulia ihre Zeilen vom 10. Juni 1494, zwei Tage nach der Ankunft im verregneten Pesaro. Das ist die vorgeschriebene konventionelle Formel. Unkonventionell ist jedoch der Inhalt des »an meinen einzigen Herrn« adressierten Briefes: »Eure Heiligkeit sind nicht zugegen, und da all mein Wohl und Glück von Euch abhängt, kann ich weder Vergnügen noch Zufriedenheit bei allerlei Lustbarkeiten finden. Denn wo mein Schatz ist, wird auch mein Herz sein.« Es handelt sich bei dieser Formulierung um die raffinierte Variation einer Bibelstelle aus dem Lukasevangelium, dort geht es um den Geiz, und mit Schatz ist nicht die Liebste gemeint, sondern der irdische Besitz, den man verschenken soll. Giulia mag noch ein halbes Kind gewesen sein, als sie die Affäre mit Borgia begann; nun handelt sie ganz im Sinne der Familienpolitik der Farnese.

Nutznießer ist dabei vor allem Giulias Bruder Alessandro,

der die kirchliche Laufbahn eingeschlagen hat. Alessandro steht beispielhaft für viele junge Männer seiner Zeit, die nicht aus religiösen Gründen, sondern der Karriere wegen in den Kirchendienst eingetreten sind. In Rom bietet der Vatikan einzigartige Aufstiegschancen, wenn man nur geschickt und skrupellos genug ist. Mit Mitte zwanzig hat Alessandro Farnese bereits ein bewegtes Leben hinter sich. Mit vierzehn ein sich durch Griechischkenntnisse und humanistische Bildung auszeichnender Magister, bewies er wenig später, weit mehr als ein Stubengelehrter zu sein. 1486 ließ ihn Borgias Vorgänger, Papst Innozenz VIII., in der Engelsburg wegen eines Streites einkerkern, von wo aus ihm eine Aufsehen erregende Flucht gelang. Dass er sich über die hohe Außenmauer in die Freiheit rettete, machte ihn in ganz Italien zu einer Legende, so dass ihm selbst der Papst die Flucht verzieh.

Dass Giulias Schönheit ihren Preis hat, ist Rodrigo Borgia von Beginn des Verhältnisses an bewusst. Noch als Vizekanzler hat er Sorge getragen, Giulias Bruder Alessandro allerlei kuriale Ämter zuzuschanzen; und bald nach seiner Papstwahl hat er ihm sogar zum Purpur eines Kardinals verholfen. Diese Art der Protektion hat Alessandro Farnese in Rom längst den derben Spitznamen Kardinal »Fregnese« eingebracht, ein Spiel mit einem sehr vulgären Wort für die Vagina. Den Farnese ist der Spott gleichgültig, solange sich nur noch mehr aus Giulias Stellung als Favoritin herausschlagen lässt.

Auch jetzt versteht der Papst den Wink der gierigen Familie. Seine Bemühungen, das Legatenamt des Kirchenstaates, das Patrimonium, den mächtigen Medici wegzunehmen, nur um es Giulias Bruder zueignen zu können, lösen in der Umgebung des Papstes tiefe Beunruhigung aus. Je älter der

Papst wird, umso Besorgnis erregender entwickelt sich der Einfluss der 40 Jahre jüngeren Geliebten. Dem päpstlichen Sekretär Gaçet scheint es dringend geboten, einzugreifen, und er tut es auf eine für die Zeit sehr charakteristische Art und Weise. Gaçet veranstaltet in Pesaro einen Schönheitswettbewerb zwischen Giulia und einer adligen Dame aus der Gegend, die sich dem Heiligen Vater unverblümt als neue Mätresse anbietet. Während Gaçet ihre Bewerbung warmherzig befürwortet, setzt sich Lucrezia mit Erfolg für ihre Freundin und Hofdame ein. Der Papst, brieflich als Schiedsrichter angerufen, bescheidet Gaçet, wenn ihm die Dame so zusage, solle er sie doch für sich behalten. Er werde jedenfalls das »feine Tuch«, das er gewohnt sei, nicht durch ein grobes ersetzen und weiter »sein Weizenbrot« genießen, jedoch nur für den Fall, »dass dieses Tuch sich Unserer Person angenehm zu machen weiß und dass es sich ohne Schwierigkeiten handhaben lässt«.

Damit hat sich der liebeskranke Papst freilich gründlich verrechnet. In einem Brief vom 24. Juli macht er seiner Tochter Lucrezia gegenüber heftige Vorwürfe, dass sie ihre Hofdame nicht davon abgehalten hat, Pesaro in Richtung Capodimonte zu verlassen: »Denn Ihr hättet, wie es Eure Pflicht gebot, bedenken sollen, dass eine so plötzliche Entfernung ohne Unser Wissen Unser höchstes Missfallen erregen musste. Und wenn du sagst, dass sie es so gewollt haben, weil es der Kardinal Farnese so befahl, so hättet Ihr anderen bedenken sollen, ob dies dem Papst gefallen würde.« Dabei ist der Grund für die Abreise sehr ernst: Giulias ältester Bruder Angelo ist schwer erkrankt. Als sie auf der Burg der Farnese eintrifft, ist er bereits jener Seuche erlegen, vor der Giulia eigentlich aus Rom geflohen war: der Pest. Angelos

Tod zeigt, wie gefährdet die Dolce Vita der Renaissance ist: Gepeinigt von Höllenängsten, häufen sich in seinem Testament die Selbstvorwürfe. In dem gleichen Brief an Lucrezia bedauert der Papst, dass Giulia und Alessandro aus Trauer um den Bruder in ein Fieber verfallen seien, und er sendet ihnen einen Arzt nach. Den Tod Angelos mag er dennoch nicht als hinreichende Entschuldigung für die überstürzte Reise nach Capodimonte akzeptieren. Das Leben muss schließlich weitergehen.

Das sagen sich auch die Farnese. Im August fordert Giulia von Capodimonte aus vom Papst, wenn den Medici schon nicht beizukommen sei, das Bistum Rimini für ihren trauernden Bruder. Die Information, dieses sei durch den Tod des dortigen Bischofs vakant geworden, erweist sich jedoch als falsch. Der Papst zögert, seiner Geliebten allzu willig zu sein, um ein Druckmittel in der Hand zu behalten, das ihm ihre Treue sichert. Giulias Briefe nehmen nunmehr einen erpresserischen Tonfall an, der keine Spur mehr von der Eleganz aus den Tagen von Pesaro hat. Das mag wohl daran liegen, dass Giulias ruppiger Bruder Alessandro ihre Feder führt. Doch entscheidender ist, dass sich im Herbst 1494 die politische Landkarte Italiens erheblich verändert hat.

Im September überquert das Heer Karls VIII. die Alpen. Als er seine Kanonen auf das Kastell von Fivizzano richtet, seine Schweizer Infanterie auf die Stadt Rapallo loslässt und statt der rituellen, durch Diplomatie und Lösegeld entschiedenen inneritalienischen Auseinandersetzungen Leichenberge hinterlässt, öffnet ihm ein Stadtstaat nach dem anderen kampflos die Tore. Die alten Feinde des Papstes laufen zum König über, und die meisten alten Freunde des Papstes werden zu seinen neuen Feinden. Der allgemeinen Stimmung folgend, soll der lästige Papst durch ein Konzil abgesetzt werden. Als Aufhänger dienen die durch Bestechung zustande gekommene Wahl und der unsittliche Lebenswandel Alexanders VI. Damit lassen sich zumindest notdürftig die nüchternen politischen Interessen verschleiern. Am lautesten rufen jetzt naturgemäß diejenigen Kardinäle, die am bedenkenlosesten von Borgias Wahlversprechungen profitiert haben und deren eigenes Liebesleben ebenfalls nicht von übertriebener Askese geprägt ist.

Eben galt noch, dass eine Festung umso sicherer ist, je höher ihre Mauern. Die neuen Kanonen jedoch bringen diese nun umso schneller zum Einsturz, je höher sie sind. Während die französische Artillerie die Gesetze des Krieges auf den Kopf stellt, experimentiert die Familie Farnese mit den uralten Gesetzen der Eifersucht und Leidenschaft. Weil weder das Patrimonium noch Rimini zu bekommen sind, droht Giulia nun mit dem Äußersten: Sie werde sich unverzüglich nach Bassanello zu ihrem Ehegemahl Orso Orsini begeben. Dieses im christlichen Sinne höchst lobenswerte Ansinnen versetzt den Papst in ohnmächtige Wut. »Undankbare und falsche Giulia!«, schreibt er am 22. Oktober 1494. »Obwohl Wir deine Seele für schlecht erachteten, konnten Wir doch nicht glauben, dass du mit so viel Niedertracht und Undankbarkeit handeln würdest, während du Uns nur allzu häufig versichert und geschworen hast, dich Uns treu anzuvertrauen und dich von Orsini fern zu halten. Und nun willst du das Gegenteil tun und dich unter Lebensgefahr nach Bassanello begeben, um dich erneut diesem Zuchthengst hinzugeben. Kurz, Wir hoffen, dass du und die undankbare Adriana euer ungebührliches Verhalten einseht und angemessene Buße tut. Und Wir verbieten dir hiermit unter Androhung von Kirchenbann und ewiger Verdammnis, Capodimonte zu verlassen oder dich gar nach Bassanello zu begeben.«

Dass Giulia nach des Papstes Willen in Capodimonte bleiben soll, hängt mit seiner Furcht vor den Franzosen zusammen. Nun meldet sich auch der vom Papst mit dem schmeichelhaften Attribut Zuchthengst versehene Condottiere Orso Orsini zu Wort. Da der Papst kurz vor der Absetzung zu sein scheint, wagt nun auch er wieder, bestärkt durch die Farnese, Anspruch auf seine Gattin zu erheben. Zwar fragt Rodrigo Borgia giftig an, wie es denn sein könne, dass derselbe Orso, der ihm seine Frau gern überlassen habe, als er Kardinal war, sie ihm als Papst verweigere. Doch die Antwort weiß er selbst.

In seiner verzweifelten Lage kommen dem Papst zwei Umstände zu Hilfe. Ende Oktober bereist der energische Papstsohn Cesare Capodimonte und Bassanello. Was er verspricht oder androht, können wir nur ahnen, sicher ist, dass sein Auftritt weit mehr Wirkung hinterlässt als die brieflichen Wutausbrüche seines Vaters. Plötzlich wird Orso wieder lammfromm und erbittet lediglich die Zahlung des ausstehenden Soldes. Nicht dass ihm, der in Bassanello sitzt, statt die Franzosen zu bekämpfen, seine 1000 Dukaten wirklich zustehen würden – er erhält sie dennoch umgehend. Und dann leistet ausgerechnet Karl VIII. dem verfeindeten Papst unerwartete Liebesdienste: Sein Marsch durch die Toskana führt zum Sturz der Medici und ebnet der Herrschaft des fundamentalistischen Visionärs Savonarola in Florenz den Weg. Das Patrimonium kann nun wirklich durch den Papst neu vergeben werden. Am 14. November empfängt es Kardinal Farnese durch eine päpstliche Order – und wenige

Tage später begibt sich eine tief befriedigte Giulia mit ihrer Schwiegermutter und ihrer Schwester samt einer Begleitung von etwa 20 Personen auf die Rückreise nach Rom, um dem Papst den gebührenden Dank abzustatten.

Unglücklicherweise treffen sie dabei auf eine Vorhut der französischen Armee. Die wissen recht genau, wen sie vor sich haben, und nehmen die Damen gefangen. Städte zu brandschatzen und ihre Bewohner auszurotten beschwert das Gewissen Karls VIII. keineswegs, aber aus diesem kostbaren Gut entscheidenden Vorteil zu schlagen bereitet ihm Bauchschmerzen. Die italienischen Kardinäle in seinem Heerlager toben, als sie hören, dass der König die Frauen ohne ernste Forderungen freigeben will. Der Gesandte Ferraras in Mailand schreibt: »Denn da diese Frauen das Herz und die Augen des Papstes seien, so würden sie als die besten Geiseln dazu gedient haben, Seine Heiligkeit zu allem, was man wünschen mochte, zu zwingen, da er ohne sie nicht leben will. Die Franzosen, welche sie fingen, haben nicht mehr als dreitausend Dukaten Lösegeld bekommen, und doch würde der Papst mehr als fünfzigtausend gezahlt haben, um sie nur wieder zu erhalten.« Der über alle Maßen erregte Alexander VI. weist die geforderte Summe sofort an. Dieser Vorfall belastet ihn mehr als der Feldzug der Franzosen, ja selbst die Gefahr, als Papst abgesetzt zu werden. Als in der Nacht vom 29. November 1494 die Geiseln übergeben werden, überbieten sich die beiden Parteien an theatralischer Inszenierung. Die angeblich 4000 begleitenden Franzosen tragen Fackeln; Alexander VI. erwartet sie in majestätischer Pose auf der hohen Mauer der Engelsburg. Er ist in ein schwarzes Wams mit Leisten von Goldbrokat gekleidet, mit Dolch und Degen gegürtet, trägt spanische Stiefel und ein Samtbarett. Das

Szenario eines Papstes, der sich, obwohl von Absetzung bedroht, ganz öffentlich als eleganter Herzensbrecher präsentiert, hätten sich zu diesem Zeitpunkt seine schlimmsten Feinde nicht wirkungsvoller erdenken können. Wenn jemand so offenkundig gegen die eigenen Interessen handelt wie der Papst – muss es wohl große Liebe sein. Eine letzte Nacht verbringt Alexander VI. nach diesem Abenteuer mit seiner schönen Geliebten, die Rom kurz darauf wieder verlässt. Ob mit dem Einverständnis des Papstes oder gegen seinen Willen, wissen wir nicht.

Wenig später marschieren die Franzosen in Rom ein. Der Papst verschanzt sich zwar in seiner Engelsburg, doch als Teile der allzu rasch aufgerichteten Mauern von selbst einstürzen, ohne dass die Franzosen auch nur einen Schuss abgefeuert hätten, gibt er jeden Widerstand auf. Karl VIII. errichtet sofort Galgen auf dem Campo de' Fiori, um Plünderer abzuschrecken; dennoch kommt es zu Verfolgungen der römischen Juden. Auch Vannozza ist davon betroffen. Ihr Haus steht am Rand des jüdischen Viertels und wird am 8. Januar 1495 von den Franzosen verwüstet.

Karl VIII. besitzt die besten Kanonen aller Herrscher seiner Zeit – und den geringsten Verstand. Statt den Papst wie angekündigt absetzen zu lassen, verlässt den jungen König gegenüber dem Oberhaupt der Heiligen Kirche aller Mut. Der speist ihn mit einigen Gefälligkeiten ab, indem er Gefolgsleute Karls VIII. zu Kardinälen ernennt; im Gegenzug fällt der französische König vor ihm auf die Knie und küsst seine Füße. Es bleibt nicht die einzige Freude in dieser Zeit: Ein Brief von Vannozza setzt den Papst darüber in Kenntnis, dass die beiden Großeltern werden.

Karl VIII. zieht derweil weiter in Richtung Neapel. Die

Festung San Giovanni galt bislang als uneinnehmbar; die längste, erfolglose Belagerung währte sieben Jahre. Karl VIII. erobert sie in sieben Stunden. Der raschen Inbesitznahme des süditalienischen Königreiches kann sich Karl VIII. nur sehr kurz erfreuen; aufgeschreckt von seinen militärischen Erfolgen, verbündet sich der Rest Europas, angeführt vom Borgia-Papst, zu einer »Heiligen Liga«. Den Franzosen bleibt nur der schmähliche Rückzug, für den sie sich mit einer sehr nachhaltigen Hinterlassenschaft rächen.

Erstmals tritt in Italien und später in ganz Europa eine schreckliche neue Seuche auf, damals bezeichnenderweise »die französische Krankheit« genannt. Der sexuelle Verbreitungsweg der Syphilis wird schnell erkannt. Anders als die Pest oder die Cholera sucht sich diese Epidemie ihre Opfer vorwiegend unter den Reichen und Mächtigen, die sich ein entsprechend ausschweifendes Leben leisten können. Wurden die alten Seuchen gern als Strafgericht Gottes angesehen, verzichtet man nun aus Rücksicht auf die Herkunft der Erkrankten auf eine solche Zuschreibung. Vor allem auch unter den Kardinälen und Bischöfen wütet die Syphilis. Ihnen gewährt der Papst ganz pragmatisch Erleichterungen beim kirchlichen Zeremoniell, sie dürfen bei der Audienz sitzen und müssen sich nicht verbeugen.

Auch Cesare Borgia wird infiziert, angeblich gelingt es dem Leibarzt des Papstes, ihn mit einer Quecksilberkur zu heilen. Wahrscheinlicher ist, dass die langen Ruhephasen zwischen den einzelnen Krankheitsstadien damals als Genesung missverstanden wurden. Es ist bezeichnend für den Papstsohn, wie er mit der Seuche umgeht: Eine schwarze Maske verbirgt sein von Narben entstelltes Gesicht, was ihm eine Aura des Unheimlichen verleiht.

Zunächst lassen sich die Menschen in ihren sexuellen Ausschweifungen nicht beirren, doch werden die Vergnügungen mehr und mehr ein Tanz auf dem Vulkan. Zwangsläufig ändert sich in der Zukunft dennoch die Lebensweise – das Zeitalter der Renaissance tritt allmählich in die Phase der Erschöpfung ein.

Schwarze Legenden

Nach der denkwürdigen Nacht Giulias im Vatikanpalast und ihrer Abreise aus Rom wird es still um sie. Sie kehrt zu ihrem Ehemann Orso Orsini nach Bassanello zurück und erfüllt damit dessen sehnlichste Träume. Zwar ist der Papst nun zu weit entfernt, um ihm gefährlich zu werden, doch ist Orso nicht der einzige Mann in dem Städtchen, für den sich Giulia interessiert. Lannus stammt aus Köln, zu seiner Zeit römische Provinz, ist Soldat unter Kaiser Diokletian geworden und hat seinen Übertritt zum Christentum mit der Enthauptung bezahlt. Das ist 1200 Jahre her, aber der Kopf des Heiligen wird in Bassanello mit großem Pomp als Reliquie aufbewahrt. Die Verehrung für diesen Mann kann ihr der Heilige Vater nicht übel nehmen. Eine päpstliche Bulle bescheidet am 30. April 1495 ein Ersuchen von Giulia an den Papst positiv: Wer sich um die Ausgestaltung der Kapelle des Heiligen verdient macht, darf sich einen besonderen Ablass zurechnen. Die Tragik des einäugigen Orso scheint darin zu bestehen, es immer mit Männern zu tun zu haben, mit denen er nicht konkurrieren kann. Auch die Wiedervereinigung mit seiner Gattin Giulia in Bassanello scheint Orso nur bedingt den Genuss ehelicher Freuden beschert zu haben, zumindest bleibt die Verbindung kinderlos. So bleibt die Papsttochter Laura Giulias einziges Kind.

Über den Umweg der Heiligenverehrung mit der allzu eigensinnigen Geliebten zu verkehren ist dem Papst freilich auf Dauer nicht genug. 1496 muss Giulias Bruder Alessandro das mühsam ergatterte Legatenamt über das Patrimonium wieder abgeben – ein deutliches Zeichen, dass die Familie Farnese die Gunst des Papstes verloren hat. Über den Verlust von Giulia tröstet sich dieser mit namenlosen Frauen hinweg, deren Herkunft im Dunkel bleibt. Ein von Alexander VI. legitimiertes Kind heißt in einer Bulle »Infans Romanus«, römisches Kind, die Mutter bleibt ungenannt.

Auf den Spuren Alexanders VI. und seiner Frauen

Wer im heutigen Rom auf den Pfaden Rodrigo Borgias, der Vannozza und der Giulia Farnese wandeln will, muss sich mit flüchtigen Spuren begnügen. So ist der einstige unerhört prunkvolle Palast Kardinal Borgias kaum mehr zu erkennen. Heute an der Piazza Sforza-Cesarini (damals Piazza Pizzo di Merlo) gelegen, ist der größte Teil einer Durchgangsstraße zum Opfer gefallen. Auch das Haus Vannozzas und ihr Garten mit Verbindung zum Palast sind nicht mehr erhalten. Weit eindrucksvoller ist eine Treppe samt düsterem Torbogen, die von der Via Cavour hinauf zur Kirche San Pietro in Vincoli geht. Sie heißt heute »Salita dei Borgia«. In der Nähe der Kirche besaß Vannozza einen Weinberg, der inzwischen überbaut ist, und einen Palast, der an der Ecke des Platzes noch zu sehen ist. Ein Festmahl bei der Vannozza verließ der Papstsohn Juan über diese Treppe und wurde anschließend ermordet. An die Vannozza erinnern noch heute das Hotel »Albergo del Sole« (Via del Biscione 76), die ehemalige Taverne »Vacca« mit ihrem und des Papstes Wappen (Vicolo del Gallo 13) sowie ihr Haus in der Via del Pellegrino 58, wo wahrscheinlich ihr berühmtester Sohn Cesare geboren wurde (alles liegt in unmittelbarer Nähe zum Campo de' Fiori).

Von unvergleichlicher Schönheit und Geschlossenheit sind die von Pinturicchio und seiner Werkstatt geschaffenen Appartamenti Borgia im Vatikanpalast. Zurzeit ist nur ein Teil der Räume im Rahmen eines Besuches der Vatikanischen Museen zugänglich. Im Borgia-Turm gelangt man zunächst in die »Sala delle Sibille«. Hier wurde Lucrezias Ehemann Alfonso von den Wachen ihres Bruders Cesare ermordet, und nach dem Tod des Papstes Alexander VI. Cesare selbst zeitweise inhaftiert. Von der »Sala del Credo« geht es über eine Treppe in die »Sala delle Arti liberali«. Hier befand sich das Arbeitszimmer Alexanders VI., und hier bahrte der Zeremonienmeister Burckard den Leichnam des Papstes auf. Nun geht die Führung durch das Schlafzimmer Borgias weiter, doch von größerem Interesse sind die Säle linker Hand, die derzeit gesperrt sind und nach ihrer seit längerem laufenden Restaurierung hoffentlich wieder zugänglich gemacht werden. In der »Sala dei Santi«, dem Speisezimmer Borgias, beeindruckt vor allem das Fresko »Disput der hl. Katharina«. Bei der Katharina handelt es sich wahrscheinlich um ein Porträt Lucrezias, auch die Söhne Vannozzas sollen sich in der Darstellung wiederfinden. Über einer Tür befindet sich das rätselhafte Lünettenbild einer Madonna mit Kind. Traditionell wird dies für ein Porträt Giulia Farneses gehalten. Der Durchgang unter dem Bild führt in die »Sala dei Misteri«, in der der Papst seine Messgewänder aufbewahrte und heute vor allem ein Porträt Alexanders VI. als Teil eines Freskos von besonderem Interesse ist. Der anschließende Thronsaal des Papstes ist für die Besucher, die zur Sixtinischen Kapelle streben, wieder zugänglich. Hier geschah 1500 der für Alexander VI. fast tödliche Deckeneinsturz, und hier fand wahrscheinlich der legendäre Kastanienball statt.

In der Engelsburg erinnern fast nur noch Wappen an die ausgedehnte Bautätigkeit Alexanders VI. Das schönste befindet sich an einem Brunnen im »Cortile di Borgia«. Dagegen bewahrt die Engelsburg in den ohnehin überaus sehenswerten Räumen Pauls III., des Bruders von Giulia Farnese, zwei bemerkenswerte Zeugnisse der Schwester auf: ein Porträt mit einem Einhorn in der »Sala detta del Perseo« sowie das sagenumwobene Bett in der »Sala detta di Amore e Psiche«.

Ohnehin ist der Blick des Papstes auf Größeres gerichtet. Der Kirchenstaat soll erweitert, das heillos zersplitterte Italien geeinigt werden – zum höheren Ruhme der spanischen Familie Borgia. Im Auftrag des Papstes überziehen seine Söhne die widerspenstigen Barone und Fürsten mit Krieg. Ein zweites Mittel der Politik bleiben durch Heirat geschmiedete Allianzen. Von frommen Bedenken lässt sich der Borgia-Papst dabei nicht zurückhalten, und so wird die erste Ehe der Tochter Lucrezia kurzerhand annulliert, weil sie den strategischen Planspielen des Papstes plötzlich zuwiderläuft. Die Familie des Ehemannes Giovanni Sforza hält zu den Franzosen, während sich Borgia gerade der spanischen Krone annähert. Sforza wird zu der öffentlichen Erklärung gezwungen, impotent zu sein und die Ehe nie vollzogen zu haben, womit dem Kirchenrecht nach außen Genüge getan ist. Er vergilt diese Schande, indem er böswillig und wenig glaubhaft verbreitet, Lucrezia würde mit ihrem Vater und ihrem Bruder Cesare Blutschande treiben. Vielleicht rächt er sich auch mit Mord, denn wenig später wird der Papstsohn Juan unter mysteriösen Umständen erstochen und in den Tiber geworfen. Die Tat wird nie aufgeklärt, selbst Cesare Borgia wird später des Brudermordes beschuldigt.

Der Tod seines Sohnes Juan löst bei Alexander VI. so tiefe Erschütterung aus, dass er ihn als Strafe Gottes für seine Sünden ansieht und die umfassende Beseitigung aller kirchlichen Missstände verspricht. Der Entwurf einer Reformbulle enthält außergewöhnliche Eingeständnisse aus dem Mund des verweltlichten Papstes: »Deshalb trachten Wir aus ganzer Seele nach Besserung der Sitten, deren Verfall wir beobachtet haben. Die heilsamen alten Satzungen, durch welche Konzilien und Päpste die Sinnlichkeit und Habsucht eingedämmt hatten, sind durchbrochen. Eine unerträgliche Zügellosigkeit ist eingerissen. Wir beginnen die Reform mit Unserem römischen Hofe, der den übrigen ein Beispiel des tugendhaften Lebens geben soll.« Es folgen strenge Bestimmungen gegen Bestechlichkeit und Ämterhäufung, heidnische Feste und fleischliche Vergnügungen. Der Kirche soll es verboten sein, sich in die weltlichen Angelegenheiten der Fürsten zu mischen. Es ist vor allem letztere Forderung, die den Papstsohn Cesare aufs Höchste alarmiert. Bevor die Maßnahmen öffentlich bekannt gemacht und in die Tat umgesetzt werden können, wirft er all seinen Einfluss auf den Vater in die Waagschale, mit dem Erfolg, dass die Reformbulle in einer Ablage des päpstlichen Geheimarchivs allen Blicken entzogen wird, wo sie von Historikern erst Jahrhunderte später aufgefunden werden wird. Hätte Alexander VI. die Kraft und Entschlossenheit gehabt, diesen Weg der Umkehr wirklich anzutreten, wäre der Reformation in Deutschland wohl der Nährboden entzogen worden – und Martin Luther wäre nie aus seinem Mönchsstand ausgebrochen.

So aber bleibt es bei flüchtigen Gewissensbissen, die den Papst und Cesare Borgia von der Fortsetzung ihrer Feldzüge in Italien nicht abhalten. Ihr revolutionärer Plan nimmt nun klare Gestalt an: Ähnlich weltlichen Fürstengeschlechtern wollen die Borgia eine Dynastie errichten. Um dies zu erreichen, soll das Papsttum erblich gemacht, Cesare als Nachfolger seines Vaters aufgebaut werden. Was ihnen dabei im Weg steht, wird beiseite geräumt. Ins Visier der Begehrlichkeiten geraten auch die Caetani, jene Familie, aus der Giulias Mutter stammt. Ihr gesamter Besitz wird beschlagnahmt – und im März 1500 Lucrezia Borgia überschrieben. Einer der Trauzeugen Giulia Farneses wird während dieser Aktion in die Verliese der Engelsburg geworfen, wo er bald darauf stirbt; sein einziger Sohn, ein Kind noch, wird ermordet. Es sind solche Gräueltaten, die unter den Römern Gerüchte von einer Verhexung des Papstes durch böse Dämonen aufkommen lassen und von einer Strafe Gottes sprechen, als am 29. Juni 1500 im Thronsaal des Papstes die Decke einstürzt. Zwei Hofbeamte werden getötet, Alexander VI. überlebt schwer verletzt.

Ein anderer Deckeneinsturz, fast auf den Tag einen Monat später, wird von der Öffentlichkeit nicht registriert. Er geschieht am 31. Juli 1500 in Bassanello, und ihm fällt Giulias Ehemann Orso zum Opfer. Für einen Condottiere der Kirche, der trotz seines hohen Soldes seinen Palast fast nie verlassen hat, schon gar nicht, um in eine Schlacht zu ziehen, ist es ein zwar wenig ehrenvoller, aber doch passender Tod. Es ist das Jahr der toten Gatten, im Frühjahr ist gerade erst Vannozzas Gemahl Carlo Canale an einem Fieber gestorben. Der bei weitem dramatischste Todesfall ereignet sich im August 1500. Das Opfer ist der spanische Prinz Alfonso, Lucrezias zweiter Ehemann, dessen Vergehen darin besteht, den sich gerade von Spanien ab- und Frankreich zuwendenden Borgia in dieser speziellen Machtkonstellation im Wege zu sein. Auftraggeber des brutalen Mordes, dem ein gescheiterter Anschlag bereits vorausging, ist ausgerechnet Lucrezias Bruder Cesare. Der Deutsche Johann Burckard, Zeremonienmeister des Papstes, ein eigentlich nüchterner Bürokrat, streut in seinem Tagebuch die Mordanschläge und Ehekomplotte eher beiläufig ein, um sich dann wieder seinem ihm eigentlich gemäßen Thema zu widmen, der Etikette bei den Papstaudienzen, wobei er sich bei der geringsten Verletzung des Rangvortritts zu bitteren, seitenlangen Anklagen versteigt. Über den Mord notiert er trocken: »Herr Alfonso, welcher schwer verletzt worden ist, wurde, da er keineswegs die Absicht hatte, an seinen Wunden zu sterben, in seinem Bett erwürgt – etwa eine Stunde nach Sonnenuntergang. Seine Ärzte und ein buckliger Krankenpfleger wurden verhaftet, konnten jedoch beweisen, dass sie unschuldig waren, was diejenigen, die sie verhaftet hatten, sehr wohl wussten …«

All das geschieht im heiligen Jahr 1500. Der gleiche Alexander VI., der 200 000 frommen Rompilgern, unter ihnen der Astronom Nikolaus Kopernikus, beim Ostersegen vollständigen Ablass zugesichert hat, ist wenig später damit befasst, für seine Tochter Lucrezia einen neuen, der Familie dienlichen Ehemann zu finden. Die widersetzt sich zwar der rüden Missachtung ihrer Witwentrauer, unterzeichnet ihre Briefe nur noch als »La Infelicissima«, Allerunglücklichste, aber im Sommer 1501 ist der Familienfrieden bereits wieder so weit hergestellt, dass Alexander VI. etwas in der Kirchengeschichte einmalig Frivoles verfügt: Er bestellt seine Tochter wegen einer längeren Reise zu seiner Stellvertreterin im Vatikan, überträgt ihr die Aufsicht über den ganzen Palast und die eingehenden Geschäfte und erteilt ihr die Vollmacht, die an »Seine Heiligkeit« gerichteten Briefe zu öffnen.

Als der Papst im Oktober wieder in der Heiligen Stadt ist, feiert die Familie Borgia das Wiedersehen auf eine Art und Weise, die der Zeremonienmeister Johann Burckard so beschreibt: »Am Abend des letzten Oktober veranstaltete Cesare Borgia in seinem Gemach im Vatikan ein Gelage mit 50 ehrbaren Dirnen, Kurtisanen genannt, die nach dem Mahl mit den Dienern und den anderen Anwesenden tanzten, zuerst in ihren Kleidern, dann nackt. Nach dem Mahl wurden die Tischleuchter mit den brennenden Kerzen auf den Boden gestellt und rings herum Kastanien gestreut, die die nackten Dirnen auf Händen und Füßen aufsammelten, wobei der Papst, sein Sohn Cesare und seine Tochter Lucrezia zuschauten. Geschenke wurden zur Schau gestellt für diejenigen, die am öftesten mit diesen Frauen kopulieren konnten. Alle taten alles, vor den Augen aller.«

Diese Geschichten verbreiten sich wie ein Lauffeuer in ganz Europa. Die Renaissance ist keine Epoche der Zügellosigkeit, sondern von zahlreichen Schranken und Regeln bestimmt, mit deren Hilfe die Ausbrüche von Gewalt und Leidenschaft eingedämmt werden sollen. Die Tänze sind nicht orgiastisch, sondern gemessen und abgezirkelt; und Mord geht nur dann als Kavaliersdelikt durch, wenn er stilvoll und geräuschlos praktiziert wird. Die Frechheit, mit der die Borgia bei grellem Tageslicht und guten Gewissens mit Gift und Dolch hantieren, so wie sie auch ihre Liebschaften zelebrieren, teilen sie nur mit einer kleinen Hand voll adliger Ausnahmeverbrecher. Für die Chronisten verweben sich Wahrheit und Legende der Borgia schon zu deren Lebzeiten. Die Borgias sind verrufen, aber sie faszinieren die Menschen. Genies wie Leonardo da Vinci und Niccolò Machiavelli drängen sich in den Dienst des Papstsohnes Cesare, nicht als Künstler und Unterhalter, sondern als Festungsbauer und Strategen.

Ungefähr um diese Zeit muss Giulia Farnese, frisch verwitwet und in der Blüte ihres Lebens, wieder den Weg ins Bett des inzwischen 70-jährigen Papstes gefunden haben. Wir wissen davon nur auf indirekte, dennoch recht eindrückliche Weise. Noch im Jubeljahr 1500 muss sich ihr Bruder Alessandro, obwohl Kardinal in einer finanziell schwierigen Situation, mit humanistischen Studien über den Verlust des Legatenamtes hinwegtrösten (er besucht dabei unter anderem Vorlesungen über Astronomie bei Kopernikus). Doch im April 1501 werden ihm zwei einträgliche Bistümer verliehen, gefolgt von der Übertragung des Legats über die Mark Ancona im Jahr darauf. So beginnt der unaufhaltsame Aufstieg der Farnese von einem zweitrangigen Landadelsgeschlecht zur mächtigsten und reichsten Familie Roms. Dieser Weg wird von dem klugen Kardinal Alessandro derart umsichtig begangen, dass er bald weder der Protektion durch seine Schwester noch durch Alexander VI. bedarf.

1950 wurde im Geheimarchiv des Vatikans ein rätselhafter Brief ohne Datum und Unterschrift an Alexander VI. gefunden, von dem die Forscher annehmen, dass er von einer Frau, wahrscheinlich Vannozza, stammt. Neben Glückwünschen für seine Gesundheit und der Versicherung zahlloser Gebete um sein Wohlergehen findet sich darin eine drastische, als Botschaft an einen Papst höchst seltsame Formulierung, denn die Verfasserin erklärt, notfalls für ihn »durch die Hölle zu gehen«. Sicher belegt ist Vannozzas starkes, kein Risiko scheuendes Eintreten für den einstigen Geliebten. Da ihr Sohn Cesare den Auftrag seines Vaters einer Strafaktion gegen die Orsini-Familie ablehnt, ergreift statt seiner Vannozza das Heft. Sie rüstet eine eigene Soldatentruppe aus, gibt ihrem Sohn Jofré das Kommando, lässt ihn die Herden der Orsini überfallen und vermehrt so ihren Besitz um 1160 Schafe, ein Abenteuer, das der Vannozza im folgenden Jahr einen Prozess vor der höchstrichterlichen Camera Apostolica einbringen wird.

Im August 1503 erkranken Alexander VI. und sein Sohn Cesare nach einem Gastmahl lebensgefährlich. In dieser

Endzeitstimmung aus Gier und Raserei, Kälte und Todesfurcht nehmen die Geschehnisse um die Familie Borgia endgültig legendenhafte Züge an. Die Symptome deuten auf die damals allgegenwärtige Malaria, doch die Borgia selbst und viele Zeitgenossen sprechen von Gift. Wer nicht an Gift glaubt, ist sich sicher, dass der Teufel den unheiligen Heiligen Vater höchstpersönlich geholt hat. Während der Papst stirbt, ist sein Sohn Cesare zu krank, um die Macht zu übernehmen. An diesen Fall haben beide nicht gedacht. Zwar sorgen Cesares Schergen im Vatikanpalast mit gezückten Degen und Geiselnahmen beim Kampf um die Schatztruhen des Papstes für Dramatik, und es bedarf noch einiger Anstrengung seitens der Nachfolger von Alexander VI., den Borgia ihre Ländereien wieder abzunehmen. Doch die Würfel sind in jener Nacht gefallen, da der Zeremonienmeister Burckard den Leichnam des Papstes in einen purpurnen Prunkornat bettet, seine Füße in mit goldenen Kreuzen bestickte Samtpantoffeln steckt und über dem Haupt des Toten zwei Fackeln entzündet.

Nach einem kurzen Intermezzo wird einer der erbittertsten Feinde der Borgia Papst: Julius II. aus dem Geschlecht der Rovere. Mehr denn je muss Giulia nun aus der Öffentlichkeit entfernt werden, wenn die Karriere ihres Bruders nicht scheitern soll. Sie fügt sich – auch darin, dass ihre Tochter Laura nach der bewährten Art der Farnese verschachert wird. Ein Ehevertrag aus den Borgia-Zeiten wird aufgekündigt und Laura einem engen Verwandten des Rovere-Papstes Julius II. zur Frau gegeben. Dennoch bleibt Giulia mit Lucrezia Borgia, deren Hofdame sie einst war, lebenslang befreundet. Auch zu einer Zeit, da der neue Papst Julius II. gegen Lucrezia Borgia und ihren dritten Ehegatten aus dem großen Geschlecht d'Este Krieg führt, tauschen die beiden Frauen noch vertrauliche Briefe. Giulia und Lucrezia haben viel gemeinsam: Rücksichtslos den Interessen ihrer Familien unterworfen, verlieren sie im Abstand von nur wenigen Wochen ihre Männer – und nehmen schließlich ihr Schicksal selbst in die Hand. Lucrezia setzt ihre dritte Heirat mit dem Grafen d'Este gegen ihre Familie durch; in dessen Residenz Ferrara gelingt es ihr schließlich, sich aus dem Sumpf von Mord und Intrigen, angezettelt durch ihren Bruder Cesare, zu befreien. Auch Giulia verheiratet sich wieder und lässt sich diesmal nicht in ihre Wahl hineinreden. Über ihren neuen Gatten heißt es: »dass er dem Ruf gewisser Damen nach für ungemein reich gehalten wird – freilich nicht an Besitztümern. Und es scheint, dass dies ein wesentlicher Grund für die Heirat war, denn Madonna Giulia war mehr an ihrer eigenen Zufriedenheit als an irgendwelchem Besitz gelegen.«

Wie haben Vannozza und Giulia ausgesehen?

Diese Frage ist nicht leicht zu beantworten. Zeigt das Lünettenbild einer Madonna mit Kind in den Appartamenti Borgia wirklich Giulia Farnese? Der bedeutendste Künstlerbiograph der Renaissance, Vasari, war sich sicher, allerdings soll seiner Beschreibung nach das Bild statt des Kindes den Kopf des Papstes Alexander VI. enthalten haben. Ist der Papstkopf später übermalt worden? Sprach Vasari von einem zweiten Bild, das im Vatikanpalast nicht mehr existiert – oder hat er sich einfach getäuscht? Auf jeden Fall hat das vermeintliche Bild der Giulia schon früh den Hauch des Verbotenen bekommen. Damit die Herzöge von Mantua eine Kopie des Madonnenbildes anfertigen dürfen, wird im Jahr 1612 ein Kardinal mit teuren Seidenstrümpfen bestochen. Zur gleichen Zeit fordert ein Mitglied der Farnese-Familie vom Papst die Entfernung des Freskos. Ähnliche Probleme beschäftigen die Farnese mit der vermeintlichen Statue der Giulia im Petersdom, deren Nacktheit später mit einem Bleigewand bedeckt wurde. Kunsthistoriker behaupten, dass mit Schraubenziehern bewaffnete Fremdenführer noch im 19. Jahrhundert den Besuchern den ursprünglichen Zustand der Statue vorführten. Bedenkt man die Zentnerschwere des Metallmantels, liegt es jedoch nahe, diese Berichte als eine weitere Legende abzutun.

Und schließlich gibt es das Porträt einer jungen Frau mit einem Einhorn in den Räumen von Giulias Bruder Alessandro, Paul III., in der Engelsburg. Das Einhorn benutzen Künstler gern als Symbol der Jungfräulichkeit, was nicht gerade dafür spricht, dass die Abgebildete wirklich Giulia ist. Allerdings sei das Einhorn auch ein Symboltier der Farnese, argumentieren die italienischen Kunsthistoriker, die vor wenigen Jahren in Rom eine große Borgia-Ausstellung organisierten. Sie glauben, das Bild zeige wirklich Giulia, obwohl der Maler Luca Longhi (1507–1580) erst 14 Jahre alt war, als Giulia starb. Ob das Lünettenbild oder das Mädchen mit dem Einhorn – beide Bilder zeigen einen weiblichen Idealtypus mit kindlich gerundeten Wangen, jenem hellbraunen Haar, das damals als blond galt, und einem sanftmelancholischen Blick.

Anders liegt der Fall bei Vannozza. Von ihr existiert das markante, androgyn wirkende Porträt einer Frau mit länglicher Kopfform, herben Gesichtszügen, ernsten Augen, zu leichter Bitternis gepressten Lippen. Anders als bei Giulia Farnese ist der Name der Vannozza Bestandteil des Porträts. Seit der italienische Forscher Menotti dieses Bild 1917 als wenig aussagekräftige Fotografie wiedergab, versehen mit einer unzutreffenden Angabe über die Herkunft, haben Borgia-Forscher jahrzehntelang vergeblich nach dem Verbleib des Bildes geforscht. Erst vor kurzem ist es überraschend wieder aufgetaucht, in der Stiftergalerie des Ospedale Nuovo Regina Margherita in Trastevere. Kunsthistoriker waren sich wegen der deutlich individuellen Ausformung des Porträts sicher, dass es zu Lebzeiten von Vannozza entstanden ist. Doch die radiologische Untersuchung hat im Rahmen einer Restaurierung im Jahr 2005 ergeben, dass das Bild aus dem 18. Jahrhundert stammt und eine ältere Malschicht mit einem Knabenporträt enthält. Neue Fragen wurden dabei aufgeworfen: Hat der anonyme Maler die Stiftergalerie des Krankenhauses anhand einer Namensliste aus seiner Fantasie erschaffen? Gab es für das Bild eine frühere Vorlage, die jetzt verschwunden ist?

»Mätressen – Die geheime Macht der Frauen«
Fotos aus dem gleichnamigen ARD-Film

Regie: Jan Peter
Kamera: Michael Baum
Szenenbild: Anna Heymann

Kostüm: Mirjam Muschel
Maske: Katrin Westerhausen
Fotos: Thomas Schulze

Alessandro Farnese (Julian Weigand) mit seiner Schwester Giulia (Cordelia Wege). Für die Farnese sind Frauen eine Währung, die man gegen anderes kostbares Gut eintauschen kann.

Ausschweifung und Eleganz im Rom der Renaissance.
Ein Festmahl im Palast des Kardinals Borgia.

Giulia Farnese und Kardinal Rodrigo Borgia (Hannes Hellmann)
werden ein Liebespaar.

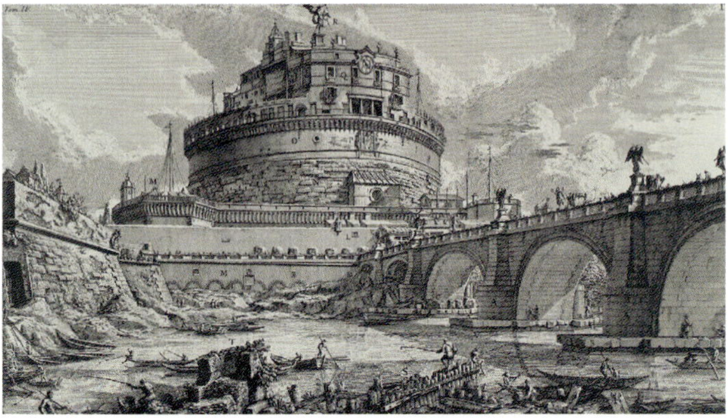

Die Engelsburg in Rom. Grabmal, Festung, berüchtigter Kerker und prunkvolle Wohnung der Päpste. Radierung von Giovanni Battista Piranesi (1770).

Als Porträt der Papsttochter Lucrezia Borgia gedeutetes Gemälde von Bartolomeo Veneto. Städelsches Kunstinstitut, Frankfurt am Main.

Alessandro Farnese wird Papst Paul III. Gemälde von Tizian.
Galleria Nazionale di Capodimonte, Neapel.

Das Topkapı Serail in Istanbul. Zentrum des größten islamischen Reiches aller Zeiten. In seinem Innersten befindet sich der Harem des Sultans.

Die Favoritin des Sultans Mahidevran (Yasmina Djaballah) und seine Mutter Hafsa (Cornelia Schmaus) nehmen neu angekommene Sklavinnen in Augenschein.

Süleyman der Prächtige (1494-1566), Sultan des Osmanischen Reiches, der mächtigste Herrscher seiner Zeit. Venezianisches Gemälde. Sammlung Schloss Ambras, Innsbruck.

Mahidevran herrscht als Mutter des einzigen Prinzen
im Harem wie eine Königin …

… doch die ukrainische Sklavin Roxelana (Sólveig Arnarsdóttir)
wird zu ihrer ernsthaften Konkurrentin.

Wechselvoll gestaltet sich das Schicksal der Vannozza. Nach dem Tod Alexanders VI. kann sie ihr Vermögen nur durch raffinierte Scheinverkäufe vor den Feinden der Borgia retten. Der Gerichtssaal wird zeitweise ihr zweites Zuhause. Als Begründung für ihre nicht immer wirklich gegebene Unschuld in den Prozessen um deponiertes Geld, gestohlene Schafe und nicht bezahlte Kruzifixe führt sie regelmäßig an, »unter Alexander VI. habe es keine Verbrechen gegeben«. Dem Papstsohn Cesare, mehrfach inhaftiert, gelingt zwar die Flucht nach Spanien, doch 1507 stirbt er dort, gerade einmal 33-jährig, heroisch während eines Scharmützels. Trotzig unterzeichnet Vannozza ihre Briefe als »Borgia de Cataneis«, obwohl dieser Name seinen Trägern nur noch schadet, und nennt sich »unglückliche und zugleich glückliche Mutter«, wenn sie der Tochter Lucrezia, Herzogin von Ferrara, schreibt. In ihren letzten Jahren sorgt sie sich mehr als um die Familie um das eigene Seelenheil. 1517, in dem Jahr als in Deutschland Martin Luther seine 95 Thesen öffentlich macht, verfasst Vannozza ein Testament. Ihr beträchtliches Vermögen kommt fast ausschließlich christlichen Bruderschaften zugute, die im Gegenzug verpflichtet werden, nach ihrem Tod regelmäßig Seelenmessen für sie und die verstorbenen Gatten zu lesen, gegenüber denen sie als ehemalige Ehebrecherin vermeint, eine Schuld abtragen zu müssen. Sie stirbt im Jahr darauf als eine geläuterte und gottesfürchtige Frau, beigesetzt im schlichten Gewand einer Franziskanerin. Hunderte Menschen kommen zu ihrer Beerdigung, für den venezianischen Gesandten in Rom ein so bedeutendes Ereignis, dass er gleich zweimal diesbezügliche Depeschen absetzt, es mit der Pracht eines Kardinalbegräbnisses vergleicht. Besonders beeindruckt ihn das seltene Ereignis einer Abordnung von Papst Leo X., der mit dem Ruf der Vannozza als Papstmätresse sichtlich keine Probleme hat. Ob sich unter den Trauergästen auch Vannozzas einstige Konkurrentin Giulia Farnese befand, ist nicht überliefert.

Giulia überlebt die so viel ältere Vannozza nur um sechs Jahre. Als sie 1524 stirbt, wird sie in aller Stille beigesetzt. Ihr Grab ist unbekannt. Die Echtheit ihrer Porträts wird immer wieder bestritten. Vorerst geht die Strategie ihres Bruders auf, die skandalöse Giulia von der Welt vergessen zu lassen. Einzig mit seinem Namen soll fortan das Geschlecht der Farnese in Verbindung gebracht werden. Zehn Jahre nach ihrem Tod wird ihm der Lohn all seiner Mühen zuteil, als Paul III. wird er selbst Papst.

Die Vernichtung einer Epoche

Santa Maria del Popolo, nahe dem nördlichen Stadttor, war die beliebteste Kirche im Rom der Borgia. Hier ließ sich Vannozza neben zwei Söhnen von Alexander VI. beerdigen, nachdem sie eine eigene Kapelle gekauft hatte. Viele Kurtisanen der Renaissancezeit ließen sich hier pompös begraben, unter pikant geistvollen Inschriften wie der folgenden: »Quaeso, viator, ne me diutius calcatam amplius calces« (Ich bitte dich, Vorübergehender, der du mich so oft bestiegen hast, nun nicht mehr auf mich zu treten). Diese Marmorplatte existiert längst nicht mehr, ebenso wenig wie die Kapelle der Vannozza oder das Grab des deutschen Zeremonienmeisters von Alexander VI., Johann Burckard. Der vom Borgia-Papst beauftragte Hauptaltar ist, trotz seines hohen künstlerischen Wertes, für Besucher unsichtbar in die Sakristei verbannt. So wie hier ist an den meisten Orten Roms mit der Geschichte der Borgia umgegangen worden. Hoch oben auf der Engelsburg befindet sich direkt unter der monumentalen Gestalt des Erzengels Michael, der auf Rom blickt, ein riesiges Papstwappen – dass es Alexander VI. gehört, ist heute nicht mehr zu sehen, denn sein Stier und seine Streifen sind herausgekratzt worden. Die berühmten Appartamenti Borgia im Vatikanpalast werden seit Jahren nur zum Teil Besuchern zugänglich gemacht, wobei zahlreiche Exponate moderner christlicher Kunst den originalen Zustand der Räume nur noch erahnen lassen.

Schuld an dieser späteren Problematisierung der Borgia-Geschichte trägt unter anderem ein deutscher Mönch, der selbst einmal zu Zeiten Vannozzas das der Kirche angeschlossene Kloster Santa Maria del Popolo bewohnte: Martin Luther. Die von ihm eingeleitete Reformation zwingt die katholische Kirche zu einer radikalen Umkehr, da ihr sonst die Gefahr droht, unterzugehen. Die Ironie der Geschichte will es, dass die Wende, Gegenreformation und katholische Reform, ausgerechnet von jenem Papst eingeleitet wird, der seinen Aufstieg zwielichtigen Bettgeschichten unter Alexander VI. verdankt: Paul III. alias Alessandro Farnese, der Bruder Giulias.

Paul III. ist als ein Papst des Übergangs sowohl einer der wichtigsten als auch schillerndsten Kirchenoberhäupter in der Geschichte. Er hat selbst noch, wie Alexander VI., eine Mätresse und Kinder, für die er liebevoll sorgt. Seine Räume in der Engelsburg strahlen mit ihren Fresken die ganze unbeschwerte Sinnlichkeit der Renaissance aus. Dem heutigen Betrachter fällt es angesichts der in die Antike verlegten

Orgien, die als Deckenmalerei die Bibliothek und das Schlafzimmer Pauls III. schmücken, schwer, zu glauben, dass hier einstmals ein Papst gewohnt hat. Und dennoch ist dieser Papst der gleiche, der sich ernsthaft und wirkungsvoll um die Rettung der katholischen Kirche müht. Er erteilt den Jesuiten als dem künftig wichtigsten Orden der Gegenreformation seinen päpstlichen Segen. Einerseits widmet Kopernikus Paul III. in dessen Einverständnis die provokante Schrift, in der erstmals mathematisch bewiesen wird, dass sich die Erde um die Sonne dreht. Andererseits gründet der Papst die römische Inquisition als ein Instrument zur Durchsetzung von Glaubensreinheit und strenger Moral. Die unbekümmerte Sittenlosigkeit der Renaissance nimmt in Rom mit ihm ein Ende. Es beginnt die Zeit der blutigen Glaubenskriege. Um nachzuweisen, dass sie im Gegensatz zu den Protestanten den alten und reinen Glauben bewahrt, säubert die katholische Kirche nun in der Folge die eigene Geschichte. Päpste durchstreifen die römischen Kirchen und vernichten fast alles, was an die Glanzzeit der römischen Kurtisanen erinnert. Sie wissen noch sehr genau, dass viele Kunden der Prostituierten hohe Geistliche waren: Bischöfe, Kardinäle – und selbst frühere Päpste. Es ist die Zeit der »Hosenmaler«, die nicht einmal zurückschrecken, die Kunst eines Michelangelo jugendfrei umzugestalten.

Einer Wiederkehr des Verdrängten gleich, tauchen verborgene Zeugnisse einer unerwünschten Vergangenheit jedoch immer wieder auf. Vannozzas Andenken ist späteren Generationen unerträglich geworden. Sie haben ihren Grabstein zwar entfernt, doch auf unerklärliche Weise wird er später in einer anderen Kirche, San Marco am Fuß des Kapitolhügels, wieder aufgefunden. Man hat versucht, den anrüchigen Namen der Vannozza Catanei auszukratzen – vergeblich. Sogar die Namen all ihrer Kinder, die sie vom Papst empfing, lassen sich nach wie vor entziffern.

Die Penis-Verhaftung

Der Säuberungswahn im Zuge der Gegenreformation führte sogar dazu, dass ehrwürdigen antiken Skulpturen die Geschlechtsteile abgehackt wurden. Die abgeschlagenen Penisse verschwanden jedoch nicht einfach, sondern wurden mit gebührender Sorgfalt gelagert, so dass sie noch im 20. Jahrhundert einen Skandal verursachen konnten.

Die 1972 verstorbene Kunsthistorikerin Gisela Richter war 50 Jahre als Kuratorin am New Yorker Metropolitan Museum of Art tätig. Ein Höhepunkt ihrer Tätigkeit war der massive Ankauf griechischer und römischer Skulpturen in den 30er und 40er Jahren, wobei sie zusätzlich Gipsabdrücke sämtlicher antiker Statuen aus dem Besitz der Vatikanischen Museen erwarb. Angesichts der enormen Summen, die gezahlt wurden, legte Richter unmissverständlich Wert auf die »Vollständigkeit« der Figuren. Dieser Wunsch führte schließlich zu einer umfassenden Beschlagnahmung dubioser steinerner Lustobjekte durch den amerikanischen Zoll, der sich den Absender »Vatikanstaat« angesichts einer Kiste voller Penisabgüsse nur als böswillige Täuschung vorstellen mochte.

Doch die Adresse war keine Fälschung, und nach heftigen Interventionen des Metropolitan Museums wurde die anstößige Fracht vom Pornographievorwurf losgesprochen und freigegeben. Die Kuratorin soll in den Monaten danach nächtelang, wenn der letzte Besucher das Museum verlassen hatte, durch die Säle gestreift sein, um in mühsamer Probierarbeit den verstümmelten Statuen ihren passenden Phallus zurückzugeben.

Ebenso hat die Familie Farnese nichts unversucht gelassen, den zwielichtigen Ursprung ihres glanzvollen Aufstieges zu tilgen. Vergeblich. Der inquisitorische Papst der Gegenreformation Pius V. exekutiert gerade seinen Wahn, die römischen Huren – ähnlich wie die Juden – in ein spezielles Ghetto einzusperren, welches sie nachts und an kirchlichen Feiertagen nicht verlassen dürfen. Zur gleichen Zeit arbeitet der Bildhauer Gugliemo della Porta an seinem Lebenswerk, dem monumentalen Grabmal des Farnese-Papstes Paul III. im Petersdom. Wer auch immer ihm in dieser Zeit der aufkommenden Prüderie dazu geraten haben mag – della Porta umgibt die Statue des Papstes mit vier, teilweise unbekleideten Frauengestalten, von denen der Volksmund bald zu sagen weiß, es handele sich dabei um seine Mutter, die Schwester, die Geliebte und die Tochter. Obwohl Jahrzehnte nach ihrem Tod entstanden, setzt sich die Vorstellung fest, die allegorische Gestalt der Gerechtigkeit sei ein naturgetreues Abbild der schönen Giulia. Die nackte Statue strahlt eine solche Erotik aus, dass sich angeblich sogar ein englischer Lord nachts im Petersdom einsperren lässt, um mit dem marmornen Abbild der Papstgeliebten zu verkehren. Solche Exzesse beendet schließlich ein kunstvolles Bleigewand, ausgeführt ausgerechnet durch den Sohn des Schöpfers der Skulptur, Teodoro della Porta. Mit dieser Verhüllung soll endgültig die Erinnerung an die skandalöse Giulia verblassen.

In Rom kann alles geschehen, ist alles möglich, zu jeder Zeit. Nur eines vermag die Stadt aller Städte nicht: vergessen. Kurz vor ihrem Tod hat Giulia Farnese ihr Testament verfasst. Alles erhielt ihre einzige Tochter, Laura, die sie von ihrem Geliebten Rodrigo Borgia empfing. Nur ein Stück wurde von dieser Erbschaft ausgenommen – und ihrem Bruder Alessandro als bitterer Kommentar seines rücksichtslosen Karrierestrebens zugeeignet. Es handelt sich dabei um das Bett, in dem sie mit Alexander VI. geschlafen hat, um Alessandros Aufstieg zu ermöglichen. Das Schlafzimmer Pauls III. in der Engelsburg schmücken Deckengemälde mit der erotischen Geschichte von Amor und Psyche. In der Mitte des Gemachs befindet sich ein prunkvolles Bett, möglicherweise eben jenes, das ihm seine Schwester vererbt hat. Nichts, so scheint es, ist von »Giulia Bella« geblieben – außer diesem Bett. Dem Bett der Mätresse des Papstes.

1535
A·V
SVLIMAN·OTOMAN·REX·TVRC·X·

Im Bett mit dem Sultan

Die Paläste der Glückseligkeit

Der Palast des osmanischen Sultans in Konstantinopel erhebt sich auf einer Landzunge zwischen den Welten. Hier strömen Bosporus, Goldenes Horn und Marmarameer zusammen; hier prallen Europa und Asien aufeinander. Es ist ein magischer Ort, erfüllt von einer unheimlichen Stille, die den Geboten der absoluten Disziplin folgt und der sich zu widersetzen nur die zahlreichen Singvögel in ihren fein vergoldeten Käfigen wagen. In die Düfte von Blumen, wohlriechenden Essenzen und köstlichen Speisen mischt sich der Geruch von Blut; verfeinerte Kultur und archaische Grausamkeit bilden eine untrennbare Einheit.

Das Bab-ı Hümayun, Tor des Friedens, steht jedem Bürger des Osmanischen Reiches offen. Hinter ihm weitet sich der äußere Hof des Sultans mit Gärten, Pavillons und einer Menagerie. Dennoch ist der Eintritt in dieses irdische Paradies nicht frei von Schrecken, denn die Nischen, links und rechts des Tores, sind häufig mit abgeschlagenen Köpfen dekoriert. »Besitzer aller Menschenhälse« lautet einer der Beinamen des Padischahs – und er nimmt seinen Titel wörtlich. Die öffentliche Zurschaustellung der in Ungnade gefallenen Staatsdiener geschieht keineswegs willkürlich, sondern streng hierarchisch. Dem Haupt eines Wesirs widerfährt die hohe Ehre, auf einem Silberteller zu enden, anderen Würdenträgern steht ein Holzteller zu, während die Köpfe niederer Beamter auf der Erde landen. Wer seine Mission gut vorbereitet und genügend Bestechungsgelder mitgenommen hat, der darf am Ende des äußeren Hofes auch noch das mächtige Bab-üs Selam, das Tor der Begrüßung, durchschreiten. In den Türmen des Tores schmachten gelegentlich prominente Gefangene, Botschafter etwa, die sich dem osmanischen Hofzeremoniell gegenüber etwas zu gleichgütig gezeigt haben. Manchmal harren hier auch zum Tode Verurteilte ihrer Hinrichtung, und der Brunnen hinter dem Tor heißt Henkersbrunnen, weil sich der Scharfrichter nach getaner Arbeit in ihm die Hände wäscht. Der innere Hof beherbergt die monumentale Palastküche. Bis zu 100 Ochsen und 500 Schafe werden hier täglich geschlachtet; an Festtagen sind bis zu 1200 Köche damit beschäftigt, Speisen für 15000 Gäste zuzubereiten.

Doch weit wichtiger als die Küche ist für die meisten Besucher der Diwan des Sultans, in dem der Staatsrat, bestehend aus den Wesiren, der Heeresführung und einigen Provinzfürsten, tagt. Hier findet, zumindest theoretisch, jeder Untertan mit seinem Anliegen Gehör. Die Osmanen kennen keine öffentlichen Regierungsgebäude; der Palast des Sultans ist zugleich Sitz der Regierung. Der Herrscher schaut durch ein vergittertes Fenster den Beratungen zu, mischt sich jedoch selten ein. Das Fenster zum Diwan gehört zum »Turm der Gerechtigkeit«, und der wiederum ist Teil der Privatgemächer des Sultans – des Harems. Nur wenige Eunuchen bewachen jenen sagenumwobenen, abgeschirmten Gebäudekomplex zwischen dem zweiten und dem dritten Innenhof. Dennoch wagt niemand, ihn zu betreten; und selbst bei einer Palastrevolte bleibt der Harem meist verschont, denn er ist durch ein mächtiges Tabu geschützt. Harem ist arabisch für »verboten«, »unantastbar«, »heilig«.

Mit dem Wort »Harem« beginnt das westliche Missverständnis des Orients. Der Harem des Sultans übt im 16. Jahrhundert auf Europa eine unvergleichliche Faszination aus. Dem gegenüber verblasst sogar das eben entdeckte Amerika mit seinen unermesslichen Goldschätzen. In Frankreich erscheinen in dieser Zeit doppelt so viele Bücher über die Türken wie über die Neue Welt. Es ist die Undurchdringlichkeit der Haremsmauern, welche die Phantasie der Europäer so sehr erhitzt. Tyrannische Versklavung exotischer Schönheiten, zügellose Sexorgien: diese Vorstellungen prägen das Bild des Harems bis heute.

Als Süleyman I. im Jahr 1520 Sultan wird, ist sein Harem im Topkapı Serail meist frei von Frauen. Sein Harem bezeichnet die Privatgemächer des auch Padischah genannten Herrschers, der als »Allahs Schatten auf Erden« durch seine bloße Gegenwart einen heiligen Raum erschafft, und bezieht sich nicht auf das Abgeschlossensein von Frauen. Um seine Frauen zu besuchen, die wohl wirklich und nicht nur im Mythos schönsten der Welt, muss sich der Sultan zum Eski Serail begeben, dem »alten Palast«. Nur die Favoritin übersiedelt für die Zeit, in der sie die Gunst des Herrschers genießt, in dessen Harem im Topkapı Serail.

Während sich der Westen den Harem als einen Ort vorstellt, an dem üppige nackte Frauen gemeinsam baden und dem Mann willenlos und passiv unterworfen sind, so sagt dieses Klischee mehr über europäische Männerfantasien als über die orientalische Wirklichkeit aus. Im Harem ist Nacktheit weitgehend tabu, tragen die Frauen knabenhafte Kleidung, verbergen die Brust unter engen Leibchen, ihr Haar unter einer Kappe und ihre Hüften durch weite Hosen. Was die hierarchische Struktur und die Keuschheit der meisten Bewohnerinnen betrifft, ähnelt der Harem im Alten Palast eher einem Nonnenkloster als einem Ort der Lüste. Hier herrscht, fast ebenso uneingeschränkt wie Süleyman in seinem Serail, die Mutter des Sultans. Es ist eine seltsam gespiegelte Welt: Den Palast des Sultans bewachen die weißen, den seiner Mutter die schwarzen Eunuchen.

Süleyman wurde am 6. Şafar des Jahres 900 in Trebizond, dem heutigen Trabzon, geboren, was nach unserer Zeitrechnung dem 6. November 1494 entspricht. Wie für jeden Prinzen ist es Süleymans Pflicht, ein Handwerk zu erlernen; er wählt die Goldschmiedekunst, während er sich als Gouverneur verschiedener osmanischer Provinzen zugleich in der Kunst des Regierens übt. Kurz vor seiner Thronbesteigung entwirft ein venezianischer Bericht ein schmeichelhaftes Bild des Prinzen: »Er ist 25 Jahre alt, groß und dabei sehnig, von anmutiger Gestalt. Sein Hals ist ein wenig zu lang, sein Gesicht schmal und seine Nase gebogen. Er hat nur den Anflug eines Bartes, und obwohl seine Haut etwas zu bleich ist, ein gewinnendes Wesen. Es wird ihm nachgesagt, er sei ein weiser Mann, und alle Menschen erhoffen sich Gutes von seiner Herrschaft als Sultan.«

Der Antritt seiner Herrschaft vollzieht sich für osmanische Verhältnisse ungewöhnlich – das heißt ohne Bürgerkrieg und Brudermord. Es gibt keine automatische Erbfolge, wodurch gesichert werden soll, dass sich der fähigste Sohn des verstorbenen Sultans als Erbe durchsetzt. Nur durch die Tötung der eigenen Brüder und deren Kinder kann er den Thron erlangen. Dieses grausame Vorgehen wird von den

Osmanen zwar bedauert, aber die islamischen Rechtsgelehrten haben es für legitim erklärt. Die großen wie kleinen Prinzen werden beweint und in allen Ehren am gleichen Ort bestattet wie später ihr Mörder. Weil Süleyman keine Brüder hat, bleibt ihm solch ein barbarisches Schlachtfest erspart.

Die Zeit Süleymans ist eine Zeit der Giganten; das Reich steht vor großen weltpolitischen Herausforderungen. Mit Franz I. und Heinrich VIII. regieren in Frankreich und England Könige mit unersättlichem Machtanspruch. Im Osten sorgen die persischen Safawiden für eine immerwährende Bedrohung, während im Westen Karl V. als Kaiser eines Reiches, in dem die Sonne niemals untergeht, nach der Weltherrschaft strebt. Im europäischen Teil Konstantinopels liegt Süleymans Palast; und auch der Blick des Sultans richtet sich gen Westen. Zwei Kaisertitel nennen die Sultane bereits ihr Eigen, seit 1453 das byzantinische Konstantinopel in die Hände der Türken gefallen ist. Gerade einmal 26 Jahre alt ist Süleyman, als er Sultan wird; doch schon greifen seine Hände nach der dritten, der Krone des Heiligen Römischen Reiches Deutscher Nation.

Süleymans Mutter Hafsa Khatun, Tochter eines Khans der Krimtataren, ist eine stolze und schöne Frau. Vor ihr als dem einzigen Menschen der Welt beugt der Sultan sein Haupt in Demut. Sie hat ihren Sohn auf die Übernahme der Macht vorbereitet. Ihr steht darüber hinaus zu, die sexuellen Aktivitäten ihres Sohnes zu bestimmen und zu kontrollieren. Sex ist, entgegen den westlichen Vorstellungen, für den Sultan nie nur ein sinnliches Vergnügen, es hat immer eine große politische Bedeutung, weil es den Fortbestand der Dynastie sichern muss. Der Weg ins Bett des

Sultans führt über das Gefolge seiner Mutter; sie sucht die Frauen für ihn aus, die dazu bestimmt sind, Prinzen zur Welt zu bringen.

Der Sultan und die Heirat

Der Koran gestattet den muslimischen Männern die Heirat von vier Ehefrauen, eine Vorschrift aus der aggressiven Frühphase des Islam, um die Versorgung der zahllosen Kriegerwitwen sicherzustellen. Die ersten osmanischen Herrscher befolgten diese Regel und heirateten häufig anatolische Prinzessinnen. Auf diese Weise kamen zwar politische Bündnisse mit mächtigen Provinzfürsten zustande, andererseits erlangten diese über die Prinzessinnen und deren Kinder einen erheblichen Einfluss auf den Hof des Sultans. Um sich dieser Fesseln der legalen Heirat zu entledigen, verfallen die Sultane bald auf einen Ausweg, indem sie sich stattdessen Sklavinnen zuwenden, die in unbegrenzter Zahl in den Harem aufgenommen werden dürfen. An die Stelle der Ehefrauen treten vier Hauptfrauen, Kadın genannt, die besondere Vorrechte genießen und den engeren Kreis der Favoritinnen des Sultans bilden, der darüber hinaus durch weitere Konkubinen erweitert werden kann. Allerdings verbietet der Koran die Versklavung von Muslimen, und so sichern, von den ersten beiden Generationen der Osmanen abgesehen, bald Frauen von europäischer Geburt und christlicher

Erziehung den Fortbestand der Dynastie. Der Sohn einer Sklavin gilt als frei geboren und hat rechtlich den gleichen Anspruch auf die Thronfolge wie der Sohn einer Muslimin. Im Zeitalter von Süleyman dem Prächtigen fließt in den Adern der osmanischen Prinzen praktisch kein türkisches Blut mehr.

Als Süleyman Sultan wird, hat er bereits drei Söhne und mehrere Töchter gezeugt. Die Söhne stammen von drei verschiedenen Frauen. Das ist kein Zufall, sondern eine Vorsichtsmaßnahme, um den Einfluss der Frauen auf den Sultan zu beschränken. Das Liebesleben des Sultans ist durch verschiedenste Vorschriften geregelt; selbst über seinen Beischlaf wird penibel Buch geführt. So haben die Favoritinnen ein Anrecht darauf, mit dem Padischah mindestens einmal in der Woche zu schlafen, und nur schwere Krankheit entbindet ihn von dieser Pflicht. Für den jungen Süleyman stellt dies kein ernsthaftes Problem dar. In den venezianischen Gesandtenberichten dieser Zeit wird er als »sehr lüstern« beschrieben. Über mangelnde Aufmerksamkeit können sich die Konkubinen in den ersten Jahren der Regentschaft Süleymans angesichts seines sexuellen Appetites nicht beklagen.

Nur von einer Mutter dieser ersten Söhne wissen wir Näheres. Mahidevran ist eine albanische Sklavin; der Name bedeutet »Glücksmond«. Sie begleitet den Rang der ersten Kadın, der ersten Hauptfrau des Sultans. Ihr Sohn Mustafa entwickelt schon in frühem Alter große Talente, so dass er schnell zum Liebling des Sultans avanciert. Mahidevran ist eine klassische Schönheit – doch das sind im Harem alle Frauen. Die Thronfolge ist gesichert, die osmanische Welt im Lot. Niemand kann ahnen, dass eine vor wenigen Jahren in den Palast der Sultansmutter eingetretene Sklavin binnen kurzem diese fest gefügte Welt auf den Kopf stellen wird. Ihr Name ist Roxelana.

Roxelana, die Sklavin

Roxelana heißt eigentlich Aleksandra Lisowska, sie ist die Tochter eines orthodoxen Popen aus dem westukrainischen Rogatin, am Dnepr bei Lwow gelegen. Damals heißt die Ukraine Ruthenien und gehört zum Königreich Polen. Aus dem Polnischen kommt auch der Name »Roxelana«, der »Ruthenierin« bedeutet. Roxelana hat einen langen Weg hinter sich, bevor sie in den Harem gelangt. Verschleppt von Krimtataren ist sie mehr als 1000 Kilometer mit einer Sklavenkarawane durch die Steppe geritten. Auf dem Sklavenmarkt in Konstantinopel trifft sie auf ihre Schicksalsgefährtinnen: mandeläugige Tscherkessinnen, knochige Frauen aus dem Sudan, adlige Venezianerinnen mit zarter Haut. Viele haben gefährliche Seefahrten hinter sich, von Tunis aus oder über das Schwarze Meer. Die afrikanischen Sklavinnen sind in mörderischen Trecks wochenlang durch die sengende Wüste getrieben worden.

Die meisten sind geraubt, andere von ihren Familien hierher verkauft worden. Etliche der als exotische Schönheiten besonders begehrten Tscherkessinnen sind dagegen aus freien Stücken in die Sklaverei gegangen, von Kind an sind sie mit dem Traum aufgewachsen, als Favoritin eines reiches Mannes ein Leben in Luxus und Sicherheit zu führen. Der Verlust der Freiheit ist für die wenigsten etwas Schmerzliches, denn ein selbstbestimmtes Leben ist für die meisten Menschen in dieser Zeit ohnehin undenkbar. Im Harem eines Wesirs oder gar des Sultans erhalten sie eine hervorragende Ausbildung, sie sind lebenslang versorgt und haben die Aussicht auf eine prestigeträchtige Heirat – oder auf eine Nacht mit dem allmächtigen Herrscher der Osmanen.

Gleich nach ihrer Ankunft auf dem Sklavenmarkt wird Roxelana von einer Dolmetscherin nach ihrer Herkunft und Bildung befragt. Eine Hebamme untersucht ihre Gesundheit und ihre Jungfräulichkeit; würde über diese ein Zweifel aufkommen, würde sie für drei Monate auf dem Sklavenmarkt bleiben müssen, um sicherzugehen, dass sie nicht schwanger ist. Eine Inspektorin untersucht anhand eines feststehenden Systems ihre körperliche Attraktivität; die schönsten Frauen werden immer zuerst dem Hof des Sultans angeboten.

Hafsa Khatun bemüht sich häufig selbst zum Sklavenmarkt, um ihren Sohn mit neuen Gesichtern im Harem zu überraschen. Als Mutter des Padischahs ist sie an die Enge der Haremsmauern nicht gebunden; sie bewegt sich durch die Straßen von Konstantinopel auf ähnliche Art, wie es ein hochgestellter, männlicher Würdenträger tun würde: in einer verdeckten Sänfte getragen und von Hellebardieren begleitet. Wenn es nötig sein sollte, mit einem der männlichen Sklavenhändler zu sprechen, so wird der Kontorraum zuvor mit einem durchsichtigen Schleier geteilt.

Die Kunst des Sklavenkaufs

Die »Kunst des Sklavenkaufs« ist eine hoch spezialisierte Disziplin, die viel Erfahrung und die Zuziehung eines der damals weit verbreiteten Ratgeberbücher erfordert. Weibliche Sklaven sind teurer als männliche, hellhäutige Sklavinnen haben einen höheren Wert als dunkelhäutige. Weiße Sklavinnen sollen möglichst jung und makellos schön sein, schwarze Sklavinnen, die ausschließlich für Arbeitsdienste, nicht als Bettgefährtinnen vorgesehen sind, möglichst missgebildet, um als Kuriosität ihren künftigen Herren zu unterhalten. Die kostbareren Sklavinnen werden sofort allen Blicken auf dem Sklavenmarkt entzogen und nur hochgestellten Interessenten gezeigt. Untergebracht in abgetrennten Räumen, schützen dunkle Holzgitter vor unerlaubten Blicken. Sich für oder gegen eine Sklavin zu entscheiden erfordert für den Käufer, eine Vielzahl von Kriterien zu prüfen, wobei er unter Umständen den Rat von Ärzten, ja sogar Philosophen einholt, oder sich von Geo- und Kosmographen die Vor- und Nachteile der verschiedenen Rassen und Völker darlegen lässt. Es gilt, Manipulationen am Körper zu erkennen, die einen Mangel verheimlichen sollen. Auch die charakterliche Eignung ist wichtig. Die Sklavin soll anpassungsfähig, fleißig und vor allem vertrauenswürdig sein.

Im Islam ist ein Sklave nur in religiöser Hinsicht eine eigenständige Person, nicht jedoch in juristischer.

Der Besitzer muss den Schaden wieder gutmachen, den sein Sklave anrichtet; dieser ist für seine Taten weniger verantwortlich als ein Freier. Während zum Beispiel ein Muslim für unerlaubtes Weintrinken mit 80 Stockhieben bestraft wird, erhält ein Sklave für das gleiche Vergehen nur 40. Die Sklaven selbst sind außerordentlich daran interessiert, einen hohen Preis zu erzielen, um in einen möglichst wohlhabenden Haushalt zu gelangen. Erweisen sie sich als unverkäuflich, werden sie, durch eine spezielle Fußfessel von den anderen Gefangenen unterschieden, in einen der großen, Bagnios genannten Kerker in Istanbul gebracht – eine angesichts der dort herrschenden hygienischen Zustände sehr düstere Aussicht.

Wie es dazu kommt, dass Hafsa auf Roxelana aufmerksam wird, ist zumindest dann etwas rätselhaft, wenn wir den späteren Berichten der venezianischen Gesandten Glauben schenken, die ihr Aussehen sehr zurückhaltend als sportlich und herb beschreiben: Roxelana »erscheint jünger, als sie in Wahrheit ist. Obwohl sie über Grazie verfügt und von schlanker, knabenhafter Gestalt ist, kann man sie beim besten Willen nicht schön nennen.« Vielleicht liegt hier ein kulturelles Missverständnis vor. Möglicherweise hat Roxelana lediglich die damaligen Schönheitsideale der italienischen Renaissance-Männer verfehlt, die zudem auf die Beschreibungen ihrer von eigenen Interessen und Vorurteilen geleiteten Informanten angewiesen waren. Auf jeden Fall muss Roxelana eine ungewöhnliche Frau gewesen sein, mit einzigartigen Eigenschaften. Die Haremsfrauen erhalten in aller Regel poetische Namen wie »Gülbahar« (Frühlingsrose), und selbst die Eunuchen werden nach Blumen getauft, etwa in Hyazinth oder Narziss. Doch aus Roxelana wird im Harem »Hürrem« – »die Fröhliche«.

Entgegen den westlichen Vorstellungen stellt der Harem des Sultans für die meisten Sklavinnen kein lebenslanges Schicksal dar. Wer dem Padischah keine Kinder geboren hat, wird nach einigen Jahren häufig aus dem Harem entlassen, um mit einem Hofbeamten verheiratet zu werden, wobei der Sultan eine Mitgift stellt und als Brautvater auftritt. Je nach Stand der Ausbildung werden die Mädchen verschiedenen Kammern zugewiesen, je niedriger ihr Status im Harem ist, mit desto mehr Gefährtinnen teilen sie sich ihr lichtloses Zimmer; die Gemächer mit einem der heiß begehrten Blicke in die Innenhöfe des Harems stehen einzig dem Gefolge der Sultansmutter, den Odalisken und den Verwalterinnen zu. Die Eifersucht der Frauen im Harem ist stark ausgeprägt, doch sie gilt nicht so sehr dem Sultan als sexuell begehrtem Mann, sondern dem höchsten Ziel jeder Sklavin: vom Sultan ein Kind zu bekommen. Dann ändert sich ihr Status im Harem dramatisch. Sie erhält eigene Gemächer und Einkünfte, die sie zu einer reichen Frau machen. Nach dem Tod des Sultans ist sie automatisch frei. Und sie hat die Chance, die angesehenste Frau des Osmanischen Reiches zu werden – Mutter des neuen Sultans. Als Neuankömmling im Harem steht Roxelana ein weiter Weg bevor. Den Sultan zu Gesicht zu bekommen – daran ist vorerst nicht zu denken. Den meisten Sklavinnen wird das ihr ganzes Leben lang nicht gelingen.

Am Anfang steht das Erlernen der osmanischen Sprache und der Koranunterricht. Allen Zwängen und Vorschriften zum Trotz steht den Sklavinnen eines frei: die Wahl der Religion. Der Islam dieser Zeit ist gegenüber anderen Gläubigen toleranter als das Christentum; und in mancher Hinsicht ist er die leichter zu akzeptierende Religion. Er kennt keine komplizierten Dogmen von der Heiligen Dreieinigkeit oder der Doppelnatur des Erlösers am Kreuz, halb Mensch, halb Gott. Obwohl die christlichen Theologen diesen Fragen seit Jahrhunderten haarspalterische Debatten widmen, die ein schlichter Christ kaum versteht, kann ein falscher Zungenschlag auf dem Scheiterhaufen enden. Als Tochter eines christlichen Priesters, konvertiert auch Roxelana zum Islam. »Es gibt keinen anderen Gott außer Allah, und Mohammed ist sein Prophet.« Mehr als diese Zeilen muss sie in Gegenwart eines muslimischen Zeugen nicht sprechen, und ihr Übertritt ist vollzogen; ein Übertritt, der die Karrieremöglichkeiten einer Haremsfrau freilich günstig beeinflusst – eine Christin würde der Sultan keines Blickes würdigen.

Später übt sich Roxelana im Singen, Tanzen, Musizieren und in der Kunst des eleganten Gangs. Doch die Lehrerinnen begnügen sich keineswegs mit diesen Fächern. Die Ausbildung ist hart, umfassend und elitär. Die Haremsmädchen sollen nicht zu hirnlosen Geschöpfen erzogen werden, deren einzige Aufgabe es ist, sexuell verfügbar zu sein. Auf dem Stundenplan stehen Lesen, Schreiben, Rechnen; Persisch und Arabisch werden als Fremdsprachen unterrichtet. Sogar eigene Lyrik, vorzugsweise Liebesgedichte, verfassen die Mädchen, mit teilweise beachtlichen Ergebnissen. Handarbeiten, vor allem die Perlenstickerei sowie das Applizieren mit Gold und Seide, sind ein besonderer Schwerpunkt. Mit diesen Fertigkeiten können sich die Frauen ein dauerhaftes eigenes Einkommen sichern, falls sie später einmal den Harem ohne lukrative Heirat verlassen. Der Sultan selbst, schreibt ein zeitgenössischer Reisender erstaunt, lasse sich über die Fortschritte so ausführlich berichten, »dass man meinen könnte, es handle sich um seine Töchter«.

Die Ausbildung der Haremsmädchen im Eski Serail ähnelt in vielem fast spiegelbildlich jener der männlichen Pagen im dritten Innenhof des Topkapı-Palastes. Und auch die Strafe ist die gleiche, wenn die Lehrer unzufrieden sind: Schläge und die Bastonade. Dort erfährt zur gleichen Zeit wie Roxelana der Sohn eines griechischen Fischers seine Ausbildung, der als Kind geraubt und der »Knabenlese« unterworfen wurde. Im Alter von zehn Jahren ist der Grieche mit dem neuen osmanischen Namen Ibrahim in die Pagenschule eingetreten. Zunächst erlernt er gutes Benehmen, Lesen, Schreiben, Rechnen, Waffenkunde, Reiten – und die hohe Schule des Turbanbindens. In der nächsthöheren Kammer wird ihm das Abrichten von Hunden und Jagdvögeln beigebracht, dazu kommen Astronomie, Fremdsprachen und – wie bei den Haremsfrauen – kunstgerechtes Sticken. Zu dieser Zeit ist Süleyman auf Ibrahim bereits nachhaltig aufmerksam geworden. Er ist weltmännisch eloquent, spielt Geige und komponiert selbst persische Musik. Überaus beschlagen in Geschichte und Kriegsführung, über das Leben Alexanders des Großen ebenso im Bilde wie über die Schlachten Hannibals, liefert er Süleyman die Vorbilder, an denen dieser sich von nun an orientiert. Süleyman, der den Titel »Herrscher zweier Welten« führt, und der rechtlose Sklave Ibrahim entdecken ihre Seelenverwandtschaft, die sie mit der Zeit zu unzertrennlichen Freunden werden lässt. Zunächst betraut mit dem prestigeträchtigen Amt des obersten Falkeniers, erhält Ibrahim wenig später sogar die Aufsicht über den kaiserlichen Palast.

Zur gleichen Zeit bezaubert Roxelanas Fröhlichkeit Hafsa Khatun derart, dass sie in das Gefolge der Sultansmutter aufgenommen wird. Roxelanas Fähigkeit, ihre Umgebung zum Lachen zu bringen, ist ein unbezahlbares Gut in der engen Palastwelt, die inmitten allen Luxus vor allem mit einem Grundübel zu kämpfen hat – tödlicher Langeweile. Niederwerfungen und Fußküsse in der strengen Choreografie einer Marionettenpuppe bestimmen das offizielle Hofleben. Nicht, dass es keine Vergnügungen gäbe. Aber sie sind ebenso wie das Hofzeremoniell ritualisiert und ersticken im harmonischen Ebenmaß. Die Palastmusik, soweit sie aus dieser Zeit für uns rekonstruierbar ist, klingt edel, hochkultiviert – und einschläfernd. Überall duftet und glitzert es – und ist so fad wie alles Makellose. Roxelanas Komik ist das Unterpfand für ihren Aufstieg.

Eine etwas spätere Episode gibt einen Eindruck von Roxelanas Sinn für Humor. Sie hat eine kostbare Flasche Ungarnwasser geschenkt bekommen, ein hochprozentiges alkoholisches Parfüm, Vorläufer des im 18. Jahrhundert erfundenen Eau de Cologne. An den Rand eines Briefes kritzelt Roxelana daraufhin folgende Zeilen: »Gülfem, du sandtest mir ein Kästchen mit Ungarnwasser und 60 Dukaten. Ich trank das Ungarnwasser auf der Stelle, kannst du dir vorstellen, wie mir danach zumute war? Ich hatte Besuch bei mir, und ich kann mich nicht mehr erinnern, was ich alles geredet habe, aber den ganzen langen Tag dämmerte ich nur vor mich hin, bis man mich wach zwickte. Du hast mich zum Gespött der Leute gemacht! Wenn wir uns das nächste Mal sehen, habe ich mit dir noch ein Hühnchen zu rupfen!« Vielleicht hat Roxelana wirklich geglaubt, das Parfüm sei zum Trinken bestimmt, und die Souveränität besessen, sich über sich selbst lustig zu machen. Vielleicht hat Roxelana aber auch eine neue Methode entdeckt, trotz des Verbotes im Koran die Freuden des Alkohols zu genießen.

Aufregung dringt in den Dämmer des Haremalltags allenfalls ein, wenn ein ungehorsames Mädchen im Auftrag eben jener Palasthofmeisterin Gülfem bestraft wird, die Roxelana später das ominöse Ungarnwasser zukommen lässt. Oder aber, wenn der Padischah den Harem betritt. Da er silberne Glöckchen am Saum seiner Schuhe trägt, hören ihn die Damen schon von weitem. Jahre vergehen für Roxelana, ohne dass der Herrscher für sie ein Gesicht bekommt. Wenn die Glöckchen erklingen, zieht sie sich, wie die anderen Frauen auch, rasch in ihre Kammer zurück. Auf diese Weise vermeidet es der Sultan, die Haremsmädchen bei ihren alltäglichen Beschäftigungen zu überraschen.

Selbst der Sultan ist in den Ritualen und Vorschriften des Hofes gefangen. Ihm muss sofort aufgefallen sein, wie ungewöhnlich Roxelana mit ihrem herben Äußeren und ihrem ungebärdigen Wesen ist. Es ist ein denkwürdiger Moment, als der junge Padischah 1520 auf Roxelana, die Hofdame seiner Mutter, aufmerksam wird. Zur Überraschung der Frauen im Harem begnügt sich Süleyman nicht mit Roxelanas Späßen. Er beschließt, mit diesem Mädchen aus der Steppe eine Nacht zu verbringen.

Roxelana, die Favoritin

Für ein Mädchen, auf die das Auge des Padischahs zum ersten Mal fällt, ändert sich auf einen Schlag alles. Die Palasthofmeisterin Gülfem war eben noch Roxelanas strenge Erzieherin, jetzt dirigiert sie ein Heer von dienstbaren Geistern, deren einzige Sorge die neue Favoritin des Sultans ist. Eben noch in der Position einer unterwürfigen Dienerin, findet diese sich nun selbst von Dienerinnen umgeben. Die zupfen ihre Brauen zu geschwungenen Bögen, geben Rouge in ihre Augenwinkel, an die Nasenflügel, an die Ohrläppchen, schminken ihre Lippen. Sie wird massiert, geknetet, in ihre Hautporen klopft man Wohlgerüche ein. Selbst die Backenzähne werden mit einer Paste gefüllt, um den Atem zu versüßen. Eben noch daran gewöhnt, selbst Hand anzulegen, ist die neue Favoritin jetzt zu völliger Passivität verdammt. Ihr Haar wird geflochten, ihre Kleider werden gebracht: Weite, seitlich geknöpfte Hosen, goldgestickte Schuhe aus weißem Leder, ein Hemd aus weißem Seidenschleier, darüber der Kaftan. Auf den Kopf setzt man ihr ein perlenbesetztes Käppchen, an ihre Arme und Fußgelenke werden vergoldete Reifen platziert, an die Finger kostbare Ringe gesteckt. Jede Dienerin hat ihren eigenen Rat für die erste Nacht mit dem Gebieter parat: »Bestreiche die Brustwarzen mit Haschisch – das steigert den Höhepunkt des Padischahs, wenn er daran saugt!« Für die eigentlich wichtigen Anweisungen ist die Palasthofmeisterin zuständig: »Du bleibst im Vorzimmer, bis der Padischah geruht, sich zu Bett zu begeben. Auf den Knien bewegst du dich auf das Bett zu. Du küsst den Saum der Bettdecke. Dann wartest du, bis der Padischah sich dir zuwendet…«

Eunuchen

Wer heute den Harem im Topkapı Serail besucht, betritt zuerst den Gang der Schwarzen Eunuchen. Wegen ihrer hohen Stimmen, dem femininen Benehmen und ihrer häufig aufgeschwemmten Körper, alles Folgen ihrer Verstümmelung und der damit einhergehenden hormonellen Veränderungen, bilden die Eunuchen im Konstantinopel zur Zeit der Osmanen eine Zielscheibe derben Spottes, wenn sie sich in den Straßen zeigen.

Im Palast des Sultans gibt es weiße und schwarze Eunuchen. Doch nur die Schwarzen dürfen den Harem bewachen, sie gelten als besonders zuverlässig und hart. Das mag mit ihrem Schicksal zusammenhängen. Sie sind in Schwarzafrika und Äthiopien gefangen genommen worden – und wurden dort als junge Männer der barbarischen Kastration unterworfen. Aus Angst, sie könnten trotz Entmannung wieder Lust entwickeln, wurde dabei nicht nur der Hodensack, sondern auch der Penis entfernt. Die dadurch hervorgerufene Blutung war sehr schwer zu stillen: Die Männer wurden deshalb bis zum Oberkörper in den heißen Wüstensand eingegraben. Nur jeder zweite überlebt diese Prozedur, danach stehen ihm allerdings Karrierewege offen, von denen die frei geborenen Türken nur träumen können. Das Oberhaupt der Schwarzen Eunuchen, der Kızlar ağası, ist nach dem Großwesir der einflussreichste Beamte im Osmanischen Reich. Seine zeitweise bis zu 800 Mann starke Truppe ist im Harem im Wesentlichen für die Bewachung und das zeremonielle Geleit des Sultans zuständig. Die innere Verwaltung wird von einer Palasthofmeisterin geleitet, die über einen eigenen Stab verfügt. Stirbt der Sultan, erlangen die Eunuchen ihre Freiheit wieder. Dank ihrer hohen Einkommen errichten sie sich Häuser, manche sogar einen eigenen Palast. Kurioserweise erfordert die hohe Stellung des Kızlar ağası von ihm nach seiner Freilassung, einen eigenen Harem zu unterhalten.

1566 kommt es zu einer besonders dramatischen Begebenheit. Zwei ungarische Brüder aus dem Gefolge von Süleymans Sohn Selim II. nehmen freiwillig die Kastration auf sich, weil sie nur so im Bereich des inneren Palastes dem Sultan dienen dürfen. Der eine überlebt die Operation nicht. Sein Bruder wird dagegen Chef der weißen Eunuchen; 30 Jahre lang ist er eine der einflussreichsten Personen am Hof.

Begleitet von den Schwarzen Eunuchen, an ihrer Spitze der Kızlar ağası, wird Roxelana in einer Sänfte vom Alten Palast durch die Straßen getragen, vorbei an den Niederlassungen der genuesischen Kaufleute und den Schmieden der Waffenmacher, in denen die Ausrüstungen für den nächsten Sommerfeldzug gehämmert werden. Am Goldenen Horn macht der Zug Halt, die tief verschleierte Favoritin besteigt ein Boot und wird über den Fluss gerudert. Was Roxelana dann in den Armen Süleymans geschieht, entzieht sich, verborgen im Dunkel der Nacht, den Vorschriften. Eines nur ist sicher – es bleibt nicht bei dieser ersten Nacht im Schlafgemach des Sultans. Sie kehrt erst wieder in den Alten Palast auf der anderen Flussseite zurück, wenn sie schwanger ist. Dort hat sich nun ihr Status erheblich geändert. Sie ist nun Odaliske, ihr steht ein eigenes Zimmer mit einem Fenster und eine ständige Dienerschaft zu. Bis zur Entbindung stehen ihr gefährliche Monate bevor. Wird das Kind gesund zur Welt kommen und wird es ein Junge und somit potenzieller Thronfolger sein? Kann sie den Mädchen um sich wirklich vertrauen, oder trachtet vielleicht eine von ihnen im Auftrag der eifersüchtigen Kadın ihrem ungeborenen Kind nach dem Leben?

1521 ist für den neuen Sultan Süleyman ein Schicksalsjahr. Bislang hat er drei Söhne gezeugt, doch nun sterben zwei davon in rascher Folge. Einzig der sechsjährige Mustafa bleibt am Leben; damit ist der Status Mahidevrans als der ersten Kadın des Sultans auf dem Höhepunkt. Auf ihm ruhen bis auf weiteres alle Hoffnungen des Reiches, während sich Mustafas Vater Süleyman erstmals als Kriegsherr bewähren muss.

Vom Sultan befehligt, belagert das riesige osmanische Heer Belgrad, ein strategisch entscheidendes Einfallstor nach Europa. Die lediglich 700-köpfige Besatzung verteidigt sich einen Monat lang heldenhaft gegen die gewaltige Übermacht. Manchmal enden die Angriffe mit der völligen Vernichtung aller stürmenden Einheiten, weil die untereinander verfeindeten Wesire ihre Strategie nicht miteinander absprechen und der junge Sultan Führungsqualitäten vermissen lässt. Das Resultat ist eine zunehmende Brutalisierung der

Kriegsführung. Selbstmordkommandos, in den osmanischen Kriegstagebüchern als Glaubenskrieger gepriesen, sprengen sich und die Türme der Festung in die Luft. Vor den Augen Süleymans werden gefangene Serben reihenweise enthauptet und einmal sogar von Elefanten in Stücke gerissen. Zur gleichen Zeit erfährt Süleyman, dass ihm Roxelana ein Kind geboren hat. Wie groß die Erleichterung des Sultans ist, einen zweiten möglichen Erben für das Haus Osman in Konstantinopel zu wissen, zeigt sich in der Namensgebung. Mehmed soll der Junge heißen – wie Süleymans Urgroßvater, der den Beinamen »der Eroberer« trägt und Konstantinopel in den Besitz der muslimischen Welt gebracht hat.

Nach der Eroberung Belgrads zittert der Westen vor dem jungen Süleyman, und die Türken jubeln ihm zu. Zurück in der Hauptstadt des Reiches, fühlt sich der Sultan nun stark genug, seine eigenen Vorstellungen auch gegen die Tradition und den Widerstand der Ulema, der Geistlichkeit im Islam, durchzusetzen. Der erste in einer ganzen Reihe von Verstößen gegen die alten Sitten der Herrscher betrifft Roxelana und hat weitreichende Folgen. Sobald eine Sklavin dem Padischah einen Nachkommen gebiert, hat der Sultan den Regeln nach von nun jeglichen sexuellen Kontakt mit ihr zu meiden. Als Mutter hat sie für ihren Sohn so weitgehende Aufgaben zu erfüllen, dass sie diesen bei weiteren Kindern nicht mehr nachkommen könnte. Sie soll den Jungen später in die Provinz begleiten, die ihm der Vater zur Verwaltung überträgt, um ihm dort als Beraterin zur Seite zu stehen. Doch zwischen 1521 und 1525 schenkt Roxelana dem Sultan drei weitere Söhne sowie eine Tochter, während er die anderen Frauen zunehmend vernachlässigt. Nur eines der Kinder stirbt früh. Die anderen Söhne sind jetzt eine ernsthafte Bedrohung für Mahidevran und ihren Sohn Mustafa im später unausweichlichen Kampf um den Thron.

Türken, Christen und Osmanen

In Europa werden die Osmanen als Türken bezeichnet. Dabei sind die Türken am Hof von Konstantinopel längst eine Minderheit, die als »plumpes anatolisches Bauernvolk« wenig geachtet wird. Während Türkisch die Volkssprache ist, bedient man sich am Hof des Osmanischen, einer Kunstsprache, die zum größeren Teil aus arabischen und persischen Worten, zum geringeren Teil aus türkischen Begriffen zusammengesetzt ist.

Geburts- oder Erbadel gibt es bei den Osmanen nicht. Das eigentliche Rückgrat des osmanischen Staates bilden Sklaven aus den christlichen Nachbarstaaten. Gut ausgebildete Sklaven gelten im Vergleich zu den anatolischen Türken als bessere Soldaten und Beamte, weil sie nur dem Herrscher folgen und keine Eigeninteressen haben. Das Prinzip der »Knabenlese« bedeutet, dass geeignete Kinder systematisch für die Pagenschule des Sultans rekrutiert werden – die von den Osmanen unterworfenen Gebiete des Balkans und Griechenlands haben dabei festgelegte Quoten zu erbringen. Diese Jugendlichen sind zwar unfrei, aber vom Status her kann man sie nicht mit den Sklaven vergleichen, die zur gleichen Zeit in Europa oder Amerika wie Vieh behandelt werden oder die als christliche Galeerensklaven auf osmanischen Kriegsschiffen eine in Monaten zu beziffernde Lebenserwartung haben. Die Pagen besetzen die höchsten Verwaltungsposten bis hin zum Großwesir, dem Stellvertreter des Sultans. Andere werden zu Janitscharen ausgebildet, die das Herzstück der Armee bilden.

In diesen frühen Jahren seiner Herrschaft setzt der Sultan ein weiteres deutliches Zeichen. Die alten Wesire, die ihm noch vor Belgrad so viel Ärger bereitet haben, werden abgesetzt, an ihre Stelle tritt 1523 Süleymans junger Freund Ibrahim als Großwesir. Ein wichtigeres Amt hat der Padischah nicht zu vergeben, und darüber hinaus lässt er Ibrahim, dem er grenzenlos vertraut, einen riesigen Palast am Hippodrom unweit der Hagia Sophia bauen, größer als jedes einzelne Gebäude im Serail des Sultans selbst. Obwohl formal selbst Sklave, nennt Ibrahim Pascha, wie er nun ehrenvoll genannt wird, um die 1300 Diener sein Eigen. Er schläft nur selten in seinem eigenen Harem, sondern meist im Palast des Sultans, nur ein Zimmer von dessen Schlafgemach getrennt, was einen deutlichen Bruch der Hofrituale bedeutet.

Im Jahr darauf gibt ihm Süleyman zusätzlich seine Schwester Hadje zur Frau. Ibrahim inszeniert daraufhin auf dem Hippodrom ein 15-tägiges Hochzeitsfest, wie es das muslimische Konstantinopel niemals zuvor gesehen hat und das künftig als Vorbild für alle weiteren großen Feierlichkeiten dient. Kriegstrophäen der unterworfenen Staaten und als Geiseln festgehaltene Prinzen der Mamelucken und Safawiden werden dem Volk präsentiert. Ringer, Schwertkämpfer und Possenreißer unterhalten die 50 000 Gäste, Feuerwerke machen die Nacht zum Tag. Erst im Morgengrauen präsentiert sich der Bräutigam der Menge. Seinen Auftritt bereitet eine endlose Parade von Festwagen vor, die einen drapiert mit phantasievoll geformten Wachsfiguren, andere bepflanzt als Gärten voller Frühlingsblumen mit kleinen Teichen, Bäumen, Papageien und Rad schlagenden Pfauen, gefolgt von Aufzügen mit kunstvollen Scherenschnitten, die Seemonster, Feuervögel und andere phantastische Kreaturen zum Leben erwecken.

Sultan Süleyman, Ehrengast des Festes, wird in diesen Jahren vom venezianischen Botschafter so beschrieben: »Er ist leichenblass, mit einer gebogenen Nase und einem langen Hals; seine Körperkraft springt nicht ins Auge, aber seine Hand ist sehr stark, was mir auffiel, als ich sie küsste, und es wird gesagt, dass niemand einen Bogen härter spannen kann als er. Er ist von Natur aus melancholisch veranlagt, den Frauen sehr zugetan, freizügig, stolz, impulsiv und manchmal auch sehr sanftmütig.« Dieses romantische Bild gibt nur einen Teil der Wahrheit wieder. Zum einen ist Süleyman fast nur noch einer Frau, Roxelana, zugetan; zum anderen bereitet der melancholische Sultan gerade einen Ungarnfeldzug vor. Der mündet, diesmal angeführt von Ibrahim Pascha, in die Schlacht bei Mohács, eine Katastrophe europäischen Ranges. Der ungarische König und fast der gesamte Adel des Landes bleiben tot auf dem Schlachtfeld zurück, es ist das unwiderrufliche Ende Ungarns als Großmacht. Selbst Süleyman kann nicht glauben, wie vollständig sein Sieg ist, und lässt deshalb entgegen den Gepflogenheiten Hunderte Kriegsgefangene massakrieren, weil er einen Gegenangriff fürchtet. Der Verwesungsgestank der Schlachtfelder hält den Sultan jedoch nicht davon ab, seiner Geliebten Roxelana leidenschaftliche Liebesbriefe zu senden. In diesen Jahren war ihr Türkisch offenbar noch schlecht, denn er beklagt sich, wenn sie nur fähig wäre zu lesen, was er schreibt, würde er seiner Sehnsucht nach ihr weit ausführlicher Ausdruck geben.

Roxelana lernt schnell, gefälligere Briefe zu verfassen. Vor allem lernt sie, die Faszination, die sie auf den Sultan ausübt, nicht erkalten zu lassen. Sie wird nicht müde, ihn an ihr kostbares Gut, die Kinder, zu erinnern: »Mein Sultan, der brennende Schmerz unserer Trennung nimmt kein Ende. Wenn ihnen Eure edlen Briefe vorgelesen werden, so weinen Euer Diener und Sohn Mehmed und Eure Sklavin und Tochter Mihrimah, weil sie Eure Hoheit so sehr vermissen. Ihr Weinen hat mich in den Wahnsinn getrieben; es ist, als wären wir in Trauer. Mein Sultan, Euer Sohn Mehmed und Eure Tochter Mihrimah und Selim und Abdullah senden Euch viele Grüße und reiben ihre Gesichter im Staub zu Euren Füßen.«

Um diese Zeit bemerkt die erste Kadın Mahidevran, dass sie keine Hofnärrin, sondern eine zu allem entschlossene Frau mit dem Sultan teilen muss. Die selbstbewusste Mahidevran ist Albanerin; die Männer ihres Volkes werden von den Osmanen so sehr gefürchtet, dass sie auf den Sklavenmärkten in Konstantinopel als unverkäuflich gelten. Selten ist ein Konflikt zwischen Haremsfrauen so offen ausgetragen worden wie von Mahidevran und Roxelana. Über das dramatische Geschehen setzt uns ein ausführlicher Bericht des venezianischen Botschafters ins Bild, der zum Zeitpunkt der Abfassung allerdings noch nicht die Namen und Abstammungen der beiden Frauen kannte. Mahidevran ist für ihn »die Tscherkessin«, Roxelana »die Russin«. Eifersuchtsattacken hat es im Harem zu allen Zeiten gegeben, doch das Verhalten von Roxelana in dieser Situation steht einzigartig da. Sie riskiert als erste Frau im Harem einen kalkulierten Tabubruch, der leicht mit ihrem Tod enden könnte: Widerspenstige Haremsfrauen werden in einen Sack gebunden und im Bosporus versenkt.

»Die Tscherkessin, die von Natur her stolz und schön und mit einem Sohn, Mustafa, gesegnet war, sah, dass der Sultan an der anderen Wohlgefallen gefunden hatte, weshalb sie ihr eine Szene machte. Dabei zerkratzte sie jener das Gesicht, zerriss ihr die Gewänder und schrie: ›Du Verräterin, du billiges Fleisch, du willst mit mir konkurrieren?‹ Einige Tage später ließ der Sultan die Russin aber rufen, um seine Lust zu stillen. Die Russin packte die Gelegenheit beim Schopfe und sagte ärgerlich zum Obereunuchen, der sie holen kam, dass sie so keineswegs dem Sultan unter die Augen treten könne, denn als ›billiges Fleisch‹ und mit einem derart zerkratzten Gesicht und ausgerissenem Haar würde sie Ihre Majestät, den Sultan, beleidigen. Diese Worte wurden dem Sultan übermittelt, was allerdings nur dazu führte, dass sein Verlangen, sie zu sehen, erst recht geweckt war und er ihr erneut befahl zu erscheinen. Er wolle verstehen, was sie dazu brächte, ihm eine derartige Nachricht zu übermitteln. Sie erzählte ihm daraufhin, was ihr mit der Tscherkessin widerfahren war, und untermalte ihre Worte mit Tränen. Sie präsentierte dem Sultan ihr Gesicht, das noch immer Wunden trug, und zeigte, wie ihr Haar ausgerissen worden war. Der

Sultan ließ nach der Tscherkessin schicken und fragte sie, ob die Anschuldigungen wahr seien. Diese antwortete, dass dem so sei und dass sie der Russin überhaupt weniger angetan hätte, als diese verdiente. Sie glaube, dass alle Frauen ihr Respekt zollen und sie als Mätresse anerkennen müssten, denn immerhin sei sie die erste im Dienste Ihrer Majestät gewesen. Diese Worte entzürnten den Sultan noch mehr; nun verlor er jegliches Interesse an ihr und schenkte all seine Liebe der anderen.«

Es ist nicht bekannt, in welchem Jahr es zu dieser Episode gekommen ist. Doch dieser Vorfall ist ein entscheidender Wendepunkt für Roxelana. Um ihre Position am Hof zu festigen und auszubauen, riskiert sie sogar das eigene Leben, doch am Ende ist sie siegreich. Mahidevrans übergeordnete Stellung als erste Kadın wird zur reinen Formalie für das Hofzeremoniell. Spätestens zu diesem Zeitpunkt kann kaum noch ein Zweifel an der leidenschaftlichen Liebe zwischen dem Sultan und Roxelana bestehen. Zeugnis hierfür legen in Versen ausgeschmückte Briefe ab, welche das Paar austauscht und die bei Beachtung der lyrischen Konventionen einer Epoche, die keine Angst vor Übertreibungen kennt, noch heute ergreifend wirken.

Süleyman schreibt an Roxelana: »Meine innige Gefährtin, mein Alles, meine Liebe, mein leuchtender Mond. Vertraute Freundin, meine Herrin, du Königin aller schönen Frauen. Mein Leben, mein Geschenk, göttlicher Wein, der mir das Paradies bringt. Mein Frühling, Quell aller meiner Freuden, mein prächtiger Tag, meine lächelnde Rose. Mein Vergnügen, meine Zechgefährtin, Quell des Lichts in meiner Nähe, mein heller Stern, Licht meiner Nacht. Mein Granatapfel, meine Orange, bitter und süß. Du Grün meines Gartens, süßes Konfekt, mein Schatz, meine Liebe, die nichts auf der Welt bekümmern kann. Meine Liebste mit dem schwarzen Haar, den wie ein Bogen geschwungenen Augenbrauen, dem betäubenden Blick, der mich krank macht. Wenn ich sterbe, hast du mich getötet, O du unbarmherzige, ungläubige Frau. Als Lobredner vor deinem Tor verherrliche ich dich, wieder und wieder. Selbst mit einem Herzen voller Kummer und Tränen in den Augen bin ich als Liebender glücklich mit meinem Leben.«

Und Roxelana erwidert: »Ziehe fort, Windhauch, und bring dem Sultan diese Nachricht: Sie seufzt, vergeht vor Gram, deines Antlitzes beraubt, klagt sie wie die Nachtigall. Glaub nicht, deine Macht sei groß genug, um ihr Herzeleid fern von dir zu heilen. Es gibt kein Heilmittel für ihren Kummer. Der Trauer Hand durchbohrt ihr Herz mit seinem schmerzenden Pfeil. Fern von dir ist sie krank und weint wie Ney, die persische Flöte.«

Die venezianischen Gesandten zeigen sich in ihren Berichten verwirrt. Der Padischah scheint nur noch eine einzige Frau zu lieben. Dass ein Sultan monogam lebt und die anderen Damen im Harem vollständig ignoriert, hat es in der osmanischen Geschichte noch nie zuvor gegeben. Mit Geschenken versuchen die Venezianer die Eunuchen des Palastes gesprächig zu machen, um Näheres in Erfahrung zu bringen. Unerhörte Geschichten treten dabei zutage, etwa jene von einem Provinzgouverneur, der dem Sultan und seiner Mutter Hafsa zwei bildhübsche russische Sklavinnen zusandte. Ein solches Geschenk ist eigentlich einem Sultan zu allen Zeiten willkommen, doch sobald sie im Harem auftauchten, wurde Roxelana launisch und warf sich weinend zu Boden. Hafsa schickte daraufhin um des lieben Friedens willen ihre Sklavin an den Gouverneur zurück, und Süleyman tat es ihr gleich, denn, so schreibt der Gesandte, Roxelana »wäre vor Kummer gestorben, wenn auch nur eine der beiden Dienerinnen im Palast geblieben wäre«.

Die Porträts einer Favoritin

Roxelana ist die erste Haremsdame, die bereits zu Lebzeiten in der osmanischen Öffentlichkeit wahrgenommen und diskutiert wird. Obwohl sie von Jugend an allen Blicken entzogen ist, existieren mehrere Porträts von ihr. Auf einigen von ihnen ist sogar die Narbe zu sehen, die ihr von Mahidevran zugefügt wurde. Wie ist das möglich? Mit Sicherheit hat keiner der Maler Roxelana je zu Gesicht bekommen.

Wahrscheinlich basieren sie auf Beschreibungen der venezianischen Botschafter, die wiederum auf ihre Gewährsleute im Harem angewiesen waren. Dabei ist zu berücksichtigen, dass die Haremsfrauen – verschleiert und in Begleitung – den Harem durchaus gelegentlich verlassen dürfen. Sie unternehmen Ausflüge oder veranstalten Bootsfahrten; ihr Leben ist nicht sehr verschieden von dem einer vornehmen Frau zur gleichen Zeit in Venedig, die ein ähnlich abgeschirmtes Dasein führt. Gilt eine Haremsfrau als sexuell nicht mehr aktiv, gibt ihr der Mutterstatus die Möglichkeit, sich in der Öffentlichkeit recht frei zu bewegen.

Alles, was von Roxelana kommt, erfüllt den Sultan mit zärtlichen Gefühlen. 1531 bringt sie nach fünf kinderlosen Jahren wieder einen Sohn zur Welt. Jihangir ist kränklich, und ein Buckel schließt ihn von der möglichen Thronfolge aus. Doch statt den Krüppel zu verstoßen, was in der damaligen Zeit üblich wäre, weicht Süleyman nicht von seiner Seite und lässt ihn als ständigen Begleiter um sich sein.

Der Herrscher muss frei von Fesseln sein, sagt ein damals gebräuchliches arabisches Sprichwort. Liebe und Bindung zu einer einzelnen Frau ist eine solche Fessel, die den Sultan um die Souveränität seines Willens bringen kann. Doch es ist nicht nur Roxelana, deren Einfluss auf den Sultan augenfällig ist: Da gibt es noch den Großwesir und Kriegshelden Ibrahim, den der Sultan mit unbegrenzten Vollmachten ausgestattet hat. Gemeinsam mit Süleyman führt er das türkische Heer 1529 bis vor die Tore Wiens. Die Stadt kann zwar nicht erobert werden, doch ganz Europa fürchtet nun die Osmanen. Auf der anderen Seite beeinflusst Ibrahim den Sultan, westliche Lebensweisen zu übernehmen. Zuvor saß man am Hof immer im traditionellen Schneidersitz; doch Süleyman isst nun an einem Tisch italienischer Machart und sitzt bei Audienzen auf einem Thron ganz wie die Herrscher im Westen.

Rivalitäten zwischen Roxelana und Ibrahim können nicht ausbleiben. Bei der Suche nach Verbündeten hat Ibrahim raschere Erfolge zu verzeichnen: Neben seiner Ehefrau, Süleymans Schwester, schließen sich nach anfänglichen Reibereien auch Mahidevran und ihr Sohn Mustafa dem Großwesir an. Wahrscheinlich vergrößert sich diese Partei auch noch um Süleymans Mutter Hafsa. Gegen diese starke Fraktion steht Roxelana mit ihren minderjährigen Kindern allein. Vorerst kann sie sich nur durch gefährliche Auftritte

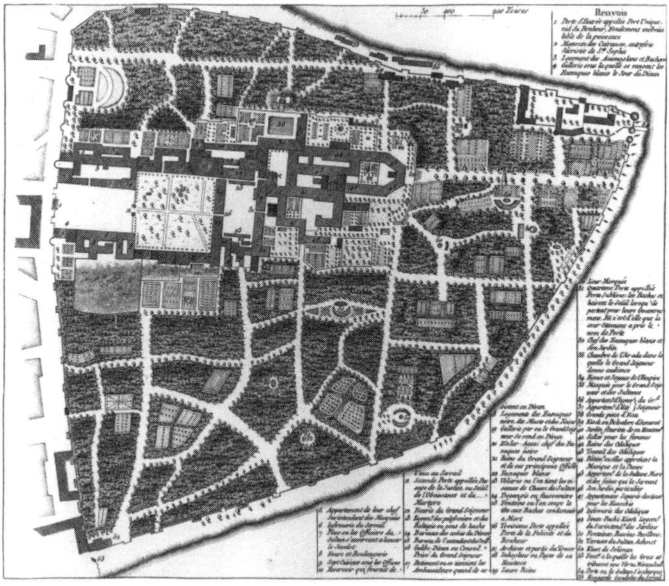

Topkapı Serail in Istanbul

behaupten, wie der Weigerung, den Sultan aufzusuchen, nachdem ihr Mahidevran das Gesicht zerkratzte.

Der Sultan, um dessen Gunst diese beiden höfischen Gruppen kämpfen, hinterlässt nach seinen militärischen Siegen und seinen pompösen Inszenierungen im Westen inzwischen den Eindruck eines übermenschlichen Titanen, dem unwidersprochen der Beiname »der Prächtige« verliehen wird. Der habsburgische Botschafter Ogier Ghiselin de Busbecq findet für das Phänomen Süleyman eindrucksvolle Worte. »Süleyman steht vor uns voll der Schrecken, die seine Siege und die seiner Vorfahren hervorgerufen haben. An der

Spitze von 200 000 Reitern überrennt er die Ebenen Ungarns, er ängstigt Österreich und bedroht den Rest von Deutschland. Alle Länder von hier bis an die Grenze Persiens zwingt er unter seine Herrschaft. Sein Heer ist aufgerüstet durch die Reichtümer ganzer Königreiche. Jeder der drei Kontinente, in die unsere Hemisphäre aufgeteilt ist, trägt dazu bei, uns zu zerstören. Wie ein Blitz schlägt er zu, zerschmettert und zerstört, was sich ihm in den Weg stellt. Er steht an der Spitze erfahrener Truppen und einer perfekt ausgebildeten Armee, die an seine Führung gewöhnt ist. Bis in die fernsten Gegenden verbreitet sich der Schrecken seines Namens. Brüllend wie ein Löwe belagert er unsere Grenzen, um sie heute an der einen Stelle zu durchbrechen, morgen an jener …«

Roxelana, die Hexe

Im März 1534 stirbt Süleymans hochangesehene Mutter Hafsa. Ihre Beerdigung stellt für die osmanischen Untertanen ein bedeutendes Ereignis dar. Der Tod eines Sultans führt zu Verunsicherung, Chaos, oft sogar in den Bürgerkrieg. Der Tod seiner Mutter hingegen erinnert die Menschen an jene Werte, die das Reich im Innern mehr als Kriege einen: Gerechtigkeit, Frömmigkeit und Freigebigkeit. Hafsas Tod findet einen breiten Widerhall in den zeitgenössischen osmanischen Quellen, eine kurz darauf stattfindende Begebenheit ist für die gleichen Geschichtsschreiber dagegen so ungeheuerlich, dass sie im Orient vollständig verschwiegen wird: Süleyman nimmt seine Sklavin Roxelana zur Ehefrau, die damit ihre Freiheit erlangt. Auch im Bericht des Repräsentanten einer Genueser Bank in Konstantinopel ist die Verwirrung unüberhörbar:

»Diese Woche geschah in dieser Stadt ein wahrhaft außergewöhnliches Ereignis, das absolut einzigartig in der Geschichte der Sultane ist. Der Große Herrscher Süleyman hat sich als seine Kaiserin eine Sklavenfrau mit dem Namen Roxelana genommen, und es gab ein prächtiges Fest. Die Hochzeit fand im Serail statt; die Feierlichkeiten übertrafen alles da Gewesene. Auf einer öffentlicher Prozession wurden die Geschenke präsentiert. Nachts sind die Hauptstraßen festlich erleuchtet, und es gibt viel Musik und Tanz. Die Häuser sind mit Girlanden geschmückt, und überall hängen Schaukeln, in denen die Leute mit großem Vergnügen die Zeit verbringen. Im alten Hippodrom ist eine große Tribüne aufgebaut; ein Platz ist für die Kaiserin mit ihren Zofen reserviert, die durch ein vergoldetes Gitter vor Blicken geschützt ist. Von hier aus verfolgten Roxelana und der Hof ein großes Turnier, an dem sowohl christliche als auch muslimische Ritter teilnahmen. Auch Trommler gab es und Jongleure sowie eine Parade wilder Tiere und Giraffen mit so langen Hälsen, dass sie beinahe den Himmel berührten ... Über diese Hochzeit wird viel gesprochen. Doch es herrscht ein großes Rätselraten, was das alles zu bedeuten hat.«

Weil Roxelana eine solch unerklärliche Macht über den Sultan ausübt, gärt im Harem und bald in ganz Konstantinopel ein Verdacht. Sie soll den Sultan mit Hexenkünsten und einem Liebeszauber gebannt haben. Als Roxelanas Helfershelferin wird eine Jüdin namens Fatma ausgemacht, die den Harem frei betreten darf und für die Favoritin des Sultans Botendienste erledigt. Busbecq, habsburgischer Gesandter in Konstantinopel und scharfsichtiger Beobachter des osmanischen Hoflebens, stößt per Zufall auf eine scheinbare Bestätigung der Gerüchte. Er hat auf dem Basar zwei Hyänen ausfindig gemacht, doch all seine Anstrengungen, die Tiere zu erwerben, um sie als Kuriosität nach Europa zu bringen, scheitern. Obwohl er eine hohe Geldsumme bietet, erklärt ihm der Besitzer, die Türken würden den Hyänen große Bedeutung bei magischem Liebeszauber zumessen und die Tiere würden für Roxelana vorrätig gehalten.

Kira – die jüdischen Botinnen des Harems

Jüdinnen, die gemäß den osmanischen Bräuchen nicht versklavt werden, dürfen den Harem jederzeit frei betreten und wieder verlassen. Meist bringen sie Schmuck und Tand in den Harem und kaufen den Mädchen ihre Handarbeiten ab. Haben sie jedoch erst einmal das Vertrauen der Damen gewonnen, so werden sie mit wichtigen Missionen betraut, transportieren Botschaften aus dem Harem und knüpfen Kontaktnetze am Hof. Begehrt und gefürchtet sind sie wegen ihrer medizinischen Kenntnisse und ihrer »abergläubischen und zauberischen Künste«, wie ein deutscher Reisender im 16. Jahrhundert in seinem »Türckischen Tag-Buch« schreibt: »Die jüdischen Weiber, so halben Doctorinnen sind, haben deswegen bey den Sultaninnen täglichen Zuwandel, und erhalten viel bei ihnen. Ein jüdisches Weib reitet vielfältig zu der Kayserin, und bringet ihr Edelsteine. Ihr Sohn bringet danach die Arbeit den Meistern. Weil aber unter den Juden, Türcken und Griechen keine sondere Künstler gefunden werden, gehen sie zu den Deutschen ...«

Für Hafsa Khatun und später auch für Roxelana spielt eine Jüdin namens Kira eine wichtige Rolle als Vertrauensperson und Mittlerin bei ihren politischen Intrigen. Zum Lohn für ihre Dienste stellt ihr Süleyman 1521 einen Freibrief aus, der ihr und ihren Nachkommen weitreichende Sonderrechte einräumt. So wird ihr gestattet, christliche Sklaven zu halten, sie bleibt von einer Vielzahl von Steuern verschont, Übergriffe gegen ihre Familie werden mit den abschließenden Worten unter strenge Strafe gestellt: »So aber jemand dergleichen tut oder zu tun begehrt, über den komme der Fluch Gottes und der Engel und der Menschen insgesamt.« Es spricht für die Kontinuität der osmanischen Bürokratie, dass dieser Freibrief über Jahrhunderte hinweg immer wieder erneuert wurde. Später tritt Kira zum Islam über und nennt sich Fatma. In der Folge wird Kira als allgemeine Bezeichnung für die jüdischen Botinnen gebräuchlich. Diese können es zu beträchtlichen Reichtum bringen. Von Safiye, der Favoritin des Sultans Murad III., wird berichtet, dass sie sich von ihren vertrauten Jüdinnen allerlei Zaubermittel verschafft, um den Sultan am Verkehr mit einer jüngeren Odaliske zu hindern. Im Jahr 1600 wird eine Kira von aufständischen Janitscharen beschuldigt, Falschgeld in Umlauf gebracht zu haben, und trotz eines ausdrücklichen Verbotes der islamischen Rechtsgelehrten samt eines ihrer Söhne gelyncht. Dieses schreckliche Ereignis wirkt offenbar so nachhaltig, dass die Funktion der jüdischen Kira in der Folge erlischt.

»Süleyman ist von solch einer Liebe für sie erfüllt«, resümiert ein Venezianer, »und überrascht damit seine Untertanen so sehr, dass sie sagen, sie habe ihn verhext. Und so haben sie ihr den Beinamen Ziadi gegeben, was Hexe bedeutet. Aus diesem Grunde wird sie von den Janitscharen und dem gesamten Hof gehasst, ebenso ihre Kinder, aber weil der Sultan sie liebt, wagt niemand, es auszusprechen. Ich habe alle immer nur schlecht von ihr und ihren Kindern reden hören und gut vom Erstgeborenen und dessen Mutter, die zurückgesetzt wurde.«

Der Erstgeborene, Mustafa, ist seit 1533 Provinzgouverneur in Manisa, und seine Mutter Mahidevran hat ihn, wie es die Tradition will, dorthin begleitet. Daher müssen sie weder die Heirat erleben, noch das, was daraus folgt. Roxelana siedelt aus dem Alten Palast mit ihrem ganzen Gefolge in den Topkapı Serail um, der für die Bedürfnisse eines großen weiblichen Hofstaates entsprechend erweitert und umgebaut wird. Aus dem Eski Serail, dem einstigen »Palast der Glückseligkeit«, wird das »Haus der Tränen«, denn hier verbleiben nur die Haremsfrauen, mit denen weder der Sultan noch Roxelana zu verkehren wünschen. In späteren Zeiten wird aus dem Alten Palast eine Art Altersheim, ohne Glanz und ohne Hoffnung für die Bewohner, allerdings mit einer exzellenten medizinischen Betreuung, von der auch Roxelana im Alter profitieren wird. Der Umzug in den Topkapı Serail bedeutet zugleich einen Umzug in die unmittelbare Nähe des Diwans, dem Sitz der Regierung, mit dem Großwesir Ibrahim Pascha an der Spitze.

Aus einem kleinen vergitterten Fenster über dem Tor des Palastes wirft Roxelana gelegentlich diskrete Blicke auf das Treiben der Untertanen, doch sie braucht direktere Möglichkeiten, um Informationen zu gewinnen und aktiv zu handeln. Beim Aufbau einer eigenen Allianz hat sie mittlerweile Fortschritte gemacht. Rüstem Pascha, Süleymans Schwertträger bei der legendären Schlacht von Mohács, ist Ibrahim in herzlicher Feindschaft verbunden und noch aus anderen Gründen genau richtig für Roxelana: Während es Ibrahims Talent ist, die Kassen des Sultans durch seine Verschwendungssucht zu leeren, verfügt Rüstem als ein erfahrener Finanzbeamter über die Konzepte, sie wieder zu füllen. Ibrahim erkennt die Gefahr und wehrt sich mit allen Mitteln gegen die Zumutung, sich mit Roxelana nicht nur als der Frau des Sultans, sondern auch als dessen politischer Beraterin arrangieren zu müssen. Kraft seines Amtes als Großwesir versetzt er Rüstem in eine entlegene Provinz und streut zudem das Gerücht aus, dieser sei unheilbar an Lepra erkrankt. Doch der Arm Roxelanas reicht weit, ein von ihr entsandter Arzt entdeckt bei Rüstem keine Spur von Lepra, sondern lediglich einige Flöhe.

Ibrahims Position am Hof gegenüber Roxelana verschiebt sich so immer mehr zu seinen Ungunsten. Sein maßloser Stolz, die Unfähigkeit, sich dem Sultan zu fügen, und kaum verhohlene eigene Ansprüche auf das Sultanat, von denen selbst die europäischen Botschafter wissen, werden Süleyman hinterbracht, und der beginnt, den Anschuldigungen zu glauben. Roxelana spielt dabei eine aktive Rolle. Zwischen 1534–36 führt Süleyman Krieg im heutigen Iran und Irak; die Truppen werden von Ibrahim Pascha befehligt. Als sie in Bagdad lagern, erhält der Sultan einen raffinierten Brief von Roxelana, die ihm zunächst die Liebe seiner Kinder vor Augen führt, um dann in einigen intriganten Nebensätzen politisch zu werden:

»Mein Gebieter, Eure Abwesenheit hat in mir ein Feuer entfacht, das ich nicht zu löschen vermag. Habt Mitleid mit meiner leidenden Seele und sendet mir einen Brief, damit ich ein klein wenig mehr Ruhe finde. Als ich Eure Zeilen las, saßen Euer Sohn Mehmet und Eure Tochter Mihrimah an meiner Seite, und Tränen strömten über ihre Wangen. Tränen, die meinen Verstand auf Abwege brachten ... Ihr fragt, weshalb ich auf den Pascha wütend bin. Wenn wir – so Allah will – wieder beisammen sind, werdet Ihr die Ursache erfahren. Bis dahin versichern wir dem Pascha unsere Wertschätzung – möge er sie akzeptieren.«

1536 kehrt das siegreiche Heer, mit Ibrahim Pascha und Süleyman einträchtig an der Spitze, aus Persien in die jubelnde Hauptstadt zurück. Was danach im Einzelnen geschieht, ist nicht mehr zu klären. Sicher ist nur, dass Ibrahim in der Nacht vom 14. auf den 15. März 1536 nach einem Abendessen in Süleymans Privatgemächern von den Stummen im Schlaf erdrosselt wird. Die Stummen sind eine grausige Sondereinheit innerhalb der Eunuchen. Ihre Zungen sind abgeschnitten, damit sie ihre Geheimnisse nicht preisgeben können, und ihre Trommelfelle mit Nadeln durchstochen, damit sie das Flehen ihrer Opfer nicht erweichen kann. Sie gehorchen ausschließlich dem direkten Befehl des Sultans, der sich mit ihnen in einer geheimen Gebärdensprache verständigt. Zu ihren Aufgaben gehören im Übrigen auch die grausamen Prinzenmorde, mit denen jeder neue Sultan seine Herrschaft einleitet.

Nach Ibrahims Tod konfisziert man auf Geheiß Süleymans das ganze Hab und Gut, auch den Palast auf dem Hippodrom. Die Hinrichtung seines engsten Freundes Ibrahim durch den Sultan ist mehr als tyrannische Willkür, eingegeben von einer machtlüsternen Frau. Sie ist die logische Folge eines grundlegenden Strategiewechsels in der osmanischen Politik, die von Süleyman eingeleitet wird. Unter Süleyman erlebt das Osmanische Reich seine höchste Blüte und seine größte Ausdehnung. Es erstreckt sich von Budapest und der Ukraine, von Algerien über Ägypten bis auf die arabische Halbinsel. Doch in der islamischen Welt heißt Süleyman, anders als im Westen, nicht »der Prächtige«, sondern »kanunı« – der Gesetzgeber. Seine Gesetze bringen die alte Scharia des Koran mit den Erfordernissen der modernen Welt in Einklang und verleihen dem Reich Geschlossenheit. Jeder Moslem, Christ, Jude kann im Diwan seine Beschwerden direkt vorbringen. Die osmanische Staatskanzlei fertigt jährlich bis zu 3 000 Schriftstücke aus. Das gelingt in Europa nur der Verwaltung des Papstes. Süleyman beendet die immerwährende Expansion, um das riesige Reich im Innern zu befrieden, verbringt zunehmend mehr Zeit mit seinem Architekten Sinan als mit seinen Großwesiren. Neue Moscheen in Istanbul werden ihm wichtiger als geschleifte Festungen der Ungläubigen. Diese neue Politik war mit einem Ibrahim Pascha nicht durchsetzbar.

Roxelana unternimmt große Anstrengungen, den Sultan

davon zu überzeugen, dass Rüstem Pascha der beste Ersatz für Ibrahim als Großwesir wäre. Zunächst dringt sie damit nicht durch, doch 1539 setzt sie endlich die von ihr lange geplante Heirat zwischen Rüstem und ihrer Tochter Mihrimah durch. Und fünf Jahre später ist Rüstem wirklich am Ziel seiner Wünsche. Das damalige Volk hasst ihn wegen seiner Erfindung neuer Steuern, heutige Historiker neigen allerdings dazu, in ihm den bedeutendsten Großwesir in der langen Regierungszeit Süleymans zu sehen. Ihm gelingen spektakuläre Coups wie die Ansiedlung der jüdischen Bankierfamilie Mendes in Konstantinopel, die mit dem Finanzimperium der aus Augsburg stammenden Fugger konkurrieren.

Weil der Sultan seinem neuen Selbstverständnis gemäß nur noch ausnahmsweise als Held in heilige Kriege zieht und sonst meist vom Palast aus regiert, wächst automatisch der direkte Einfluss seiner Frau Roxelana. Sie führt in Süleymans Auftrag mit europäischen und persischen Hoheiten diplomatische Korrespondenzen. Mit keiner anderen ausländischen Macht werden mehr Gesandtschaften, Geschenke und Briefe ausgetauscht als mit dem Königreich Polen, aus dem Roxelana stammt. Ein Zeichen dafür, dass sie die Politik durchaus aktiv bestimmt. Ihr Geschick ist vor allem gefragt, wenn es um das Schmieden neuer Allianzen geht: Männer sind anscheinend zuständig für den Krieg, Frauen für den Frieden.

Auf dem Höhepunkt ihrer Macht hat Roxelana jedoch ein immer drängenderes Problem. Was geschieht nach Süleymans Tod? Mustafa ist ein stattlicher Jüngling geworden. Schon im Alter von neun Jahren galt er als großer Krieger. Inzwischen vergöttern ihn die Janitscharen fast noch mehr als den Sultan selbst, und das Volk begehrt ihn als Thronfolger. Hinter ihm verblassen Roxelanas eigene Kinder. 1542 erhält ihr ältester Sohn Mehmed seine erste Provinz zugesprochen. Roxelana gerät in den Konflikt, entweder in der Hauptstadt beim Sultan und ihren jüngeren Kindern zu bleiben oder Mehmed zu begleiten, wie es die Tradition eigentlich zwingend vorschreibt. Sie wählt den Harem im Topkapı Serail und damit die Nähe zum Sultan. Hier empfängt sie im Jahr darauf die katastrophale Nachricht, dass Mehmed, der aussichtsreichste Gegenpart zu Mustafa unter ihren Kindern, an den Pocken gestorben ist.

Einkommen im Harem

Am besten versteht man die Machthierarchien im Harem anhand der Rechnungsbücher, die das Archiv des Topkapı Serail heute noch aufbewahrt. Die einfachen Haremsmädchen erhalten ca. sechs Asper am Tag, die Prinzen und Prinzessinnen 100 Asper. Während, zum Vergleich, der Imam des Palastes mit zehn Aspern abgespeist wird, stehen der Palasthofmeisterin 100 zu, dem Kızlar ağası, Oberhaupt der Schwarzen Eunuchen, 500, dem Großwesir als Stellvertreter des Sultans sogar 1000 Asper am Tag. Obwohl ihm theoretisch alles gehört, zahlt sich auch der Sultan ein Gehalt: 1001 Asper. Überraschend sind jedoch vor allem die Einkünfte der Favoritin des Sultans mit 2 000 Aspern und seiner Mutter mit 3000 Aspern, die sogar das Doppelte bzw. das Dreifache dessen ausmachen, was der Padischah erhält.

Mustafa wird, angesichts seiner offensichtlichen Tugenden, im freien Wettstreit der Kräfte über ihre Söhne siegen – und sie töten, wie es die Tradition will. Der Sultan selbst hält trotz seiner Liebe zu Roxelana diese Entwicklung für unausweichlich. Als sein Sohn und ständiger Begleiter Jihangir die Hoffnung ausspricht, aufgrund seiner körperlichen Versehrtheit dem Schicksal des Prinzenmordes zu entgehen, erwidert Süleyman: »Mustafa wird Sultan werden und euch allen das Leben nehmen.« Seit 1533 mit Mustafa in der Provinz Manisa, kämpft Mahidevran wie eine Löwin für den Sieg ihres Sohnes beim irgendwann anstehenden Kampf um die Nachfolge Süleymans. Ihrer Feindin Roxelana traut sie alles zu. Mustafa darf aus Sorge um Gift nichts essen oder trinken, was sie nicht selbst zuvor probiert hat, denn selbst ihre Vorkoster könnten von der Hexe Roxelana bestochen sein. Sie selbst unterhält ein Netz von Spionen, um aus der Ferne die neuesten Entwicklungen in der Hauptstadt und im Palast des Sultans zu verfolgen. Gerüchten zufolge ist Jihangir einer dieser Informanten, der sich aus Angst vor dem Prinzenmord mit Mustafa gegen seine eigenen Brüder verschworen haben soll.

Das Archiv des Topkapı Serail in Istanbul bewahrt eine rätselhafte Miniatur, die die Begrüßung Mustafas, der gegen die Perser gekämpft hat, durch seinen Vater Süleyman im Jahre 1548 zeigt. Ungewöhnlich an dem Bild ist, dass der Sultan und sein Sohn identisch in die Farben Grün, Orange und Blau gekleidet sind, so dass sie sich zum Verwechseln ähnlich sind. Vielleicht hat der Porträtist damit den Anspruch Mustafas auf die Thronfolge unterstreichen wollen – vielleicht hat er aber auch dessen Absicht angedeutet, schon zu Lebzeiten mit dem Vater die Plätze zu tauschen. Die zweite

Variante wird Süleyman jedenfalls vehement von seinem Großwesir Rüstem nahe gebracht, zunächst noch ohne Erfolg, wenn wir einem Augenzeugenbericht folgen: »Als der Padischah die Depesche des Großwesirs las, sagte er, Gott behüte, dass mein Mustafa solch eine Unverschämtheit wagte und solch einen unklugen Schritt zu meinen Lebzeiten beginge! Es sind Verbrecher, die versuchen, die Herrschaft für den Prinzen zu erlangen, den sie unterstützen, die für derlei Rufmord verantwortlich sind. Hüte dich, jemals wieder so etwas zu wiederholen und solch übler Nachrede Glauben zu schenken.«

Dennoch muss sich der Verdacht bei Süleyman immer mehr durchgesetzt haben. Um daran zu glauben, musste der Sultan nicht an Paranoia leiden, denn immerhin hatte sein eigener Vater den Thron durch einen vergleichbaren Putsch bestiegen. Süleyman bricht in die Provinz auf, um seinen Sohn in scheinbar freundlicher Absicht zu besuchen. Mahidevran wittert die Falle sofort und warnt ihren Sohn vor dem Treffen. Der solle stattdessen die Janitscharen gegen seinen Vater mobilisieren. Doch Mustafa widersetzt sich, was wiederum gegen die Annahme spricht, er habe wirklich einen Staatsstreich geplant.

Nach seiner Ankunft wird Mustafa vor das Zelt des Vaters geführt, wo alles friedlich scheint und nichts auf einen Hinterhalt deutet. Kaum hat er jedoch das Innere des Zeltes betreten, als mehrere Stumme aus dem Nichts auftauchen und versuchen, eine Schlinge über ihn zu werfen. Mustafa, ein Mann von gewaltiger Stärke, verteidigt sich zunächst erfolgreich, nicht nur um sein Leben, sondern auch um den Thron kämpfend. Gelänge es ihm, zu entkommen, würden sich die Janitscharen zweifellos auf seine Seite schlagen und ihn zum neuen Sultan ausrufen. Süleyman, von dem Geschehen nur durch eine dünne Stoffwand getrennt, erkennt die Gefahr, steckt seinen Kopf durch die Zeltöffnung und dirigiert den Einsatz der Stummen. Diese verdoppeln daraufhin ihre Anstrengungen, ringen Mustafa zu Boden und erdrosseln ihn mit einer Bogensehne.

Die Hinrichtung des beliebten Mustafa durch den eigenen Vater versetzt die Janitscharen in einen solchen Zorn, dass sich ein Aufstand nur durch die Erhöhung ihres Soldes und die Absetzung des Großwesirs Rüstem abwenden lässt. »Diese Maßnahmen«, schreibt Busbecq, »trösteten und besänftigten die trauernden Soldaten, die mit der üblichen Leichtgläubigkeit des Pöbels annahmen, Süleyman hätte endlich, wenn auch zu spät, die Verbrechen Rüstems und die Hexerei seiner Gemahlin entdeckt. Deshalb wäre er nun zur Einsicht gekommen und würde bei seiner Rückkehr nach Konstantinopel auch seine Frau nicht verschonen.« Diese Hoffnung der Janitscharen erfüllt sich freilich keineswegs, und schon zwei Jahre später ist auch Rüstem wieder in seinem alten Amt.

Den Krüppel Jihangir nimmt das Schicksal Mustafas so mit, dass er kurz nach dem Erhalt der Nachricht stirbt. Mahidevran ist ein solches Ende nicht beschieden. Sie zieht sich in die Provinz nach Bursa zurück. Es fehlt ihr an Geld, um ihren Haushalt zu bestreiten; ihre Diener werden auf dem Wochenmarkt verspottet und betrogen.

Roxelana bleiben noch fünf Jahre, um sich des Sieges über ihre Kontrahentin zu freuen. Es sind allerdings Jahre, in denen sie zunehmend von Krankheit und ständiger Todesfurcht begleitet wird. Süleyman ist zuletzt fast ständig um sie, da sie seine Abwesenheit nicht erträgt. Auf ihr lastet außerdem die Frage, wer von den beiden verbliebenen Söhnen Süleymans Erbe antreten soll. Während sie lieber Bayezid als künftigen Sultan sehen würde, bevorzugt Süleyman Selim, was insofern überrascht, weil dieser als der unpopulärste aller seiner Söhne gilt. Allerdings hat Selim die Unterstützung der Geistlichkeit, und für den im Alter immer religiöseren Sultan mag dies den Ausschlag geben. Bayezid wird einer Verschwörung gegen den Vater angeklagt, doch Roxelana setzt sich erfolgreich für ihn ein. Es bleibt das Letzte, was sie für ihren Sohn tun kann. Der Tod seiner Frau am 15. April 1558 trifft den Sultan hart. In einem Gedicht klagt er »Ich leide auf dem Berg der Trauer / Seufze, stöhne Tag und Nacht / Frage, welches Schicksal mich erwartet / Jetzt, wo die Geliebte von mir ging«.

Roxelana bleibt es erspart, mit anzusehen, wie noch zu Lebzeiten Süleymans unter den Söhnen ein blutiger Kampf um die Thronfolge ausbricht. Ein Aufstand Bayezids wird von Selim, mit Unterstützung der Truppen Süleymans, niedergeschlagen. Der Besiegte flieht ins benachbarte Persien, doch obwohl der dortige Schah mit den Osmanen im Kriegszustand lebt, erreicht der Sultan die Auslieferung Bayezids. Der Sultan kommentiert die von ihm anschließend befohlene Hinrichtung seines Sohnes Bayezid und fünf seiner männlichen Enkel durch die von ihm ausgesandten Stummen: »Gelobt sei Allah, dass die Moslems von dem Leid befreit sind, das über sie gekommen wäre, hätten meine Söhne um den Thron gekämpft. Ich kann nun meine restlichen Tage in Ruhe verbringen, anstatt in Verzweiflung zu leben und zu sterben.«

Es ist verständlich, dass nach den dramatischen Wendungen seines Lebens der alte Sultan nach religiösem Trost sucht, wie Busbecq vermerkt: »Der Sultan wird von Tag zu Tag frommer, oder anders gesagt, er wird immer abergläubischer. Früher lauschte er gern den Gesängen eines Knabenchores, doch eine alte Wahrsagerin warnte ihn, wenn er nicht auf dieses Vergnügen verzichte, würde in einem zukünftigen Leben die Strafe auf ihn warten. Das verleitete ihn, alle seine Musikinstrumente zu zerstören und den Flammen zu überantworten, obwohl sie mit feinster Handarbeit in Gold und kostbaren Edelsteinen verziert waren. Er pflegte von silbernen Tellern zu speisen, aber seit jemand ihn dafür tadelte, benutzt er nun nur noch irdenes Geschirr.«

Trotz des Todes seiner Frau Roxelana steht der allmächtige Sultan bis zuletzt unter weiblichem Einfluss. Seine wichtigste Ratgeberin in den letzten Lebensjahren ist seine Tochter Mihrimah. 1566 bricht Süleyman trotz schwerer Krankheit noch einmal zu einem Kriegszug nach Ungarn auf. Er kann sich kaum auf dem Pferd halten und erleidet öfters Ohnmachtsanfälle. Er stirbt in der Nacht auf den 7. September 1566 während der Belagerung von Sziged. Es ist sein letzter Wunsch, dass seine Tochter Mihrimah (die 1578 stirbt) später neben ihm bestattet werden soll.

Eine Frau, und zwar ausgerechnet jene, die wahrscheinlich schon vor Jahrzehnten den Tod herbeigesehnt hat, überlebt sie alle, ihre Freunde und die Kinder ihrer Freunde, ihre Feinde und die Kinder ihrer Feinde. Nach Roxelanas Tod hat sich Süleyman um ihre Schulden gekümmert, so dass sie im Alter nicht Hunger leiden muss; zu Lebzeiten seiner Frau hatte dies der Sultan nicht gewagt. Erst 1581 stirbt Mahidevran, hochbetagt, 28 Jahre nach der Hinrichtung ihres einzigen Sohnes Mustafa.

Das Sultanat der Frauen

Das Osmanische Reich wird nie wieder einen so überragenden Herrscher haben wie Süleyman. Sein einzig überlebender Sohn, der als Selim II. sein Erbe antritt, erhält einen wesentlich weniger schmeichelhaften Beinamen als sein Vater, »der Prächtige«. Selim nennt man »den Säufer«. Immerhin hat er mit Nurbanu eine Frau ähnlichen Formates an seiner Seite wie Roxelana. Auch Selim bricht wie sein Vater mit der Tradition, indem er sie zur Ehefrau nimmt. Roxelana hat die Intrigenspiele im Harem wesentlich zur Durchsetzung der Interessen ihrer Kinder benutzt. Das Osmanische Reich zu regieren lag ihr fern. Das ändert sich mit Nurbanu (»Prinzessin des Lichtes«). Mit ihr beginnt das »Sultanat der Frauen«, das fast ein Jahrhundert Bestand haben wird.

Als Cecelia Vernier-Baffo, illegitime Tochter einer venezianischen Adelsfamilie, ist Nurbanu im Alter von zwölf Jahren durch einen osmanischen Admiral gekidnappt und an den Sultanshof gebracht worden. Ab 1543 ist sie die Konkubine von Selim II. und bringt ihn 1571 dazu, sie zu heiraten. Drei Jahre später macht Selim seinem Beinamen »der Säufer« alle Ehre. Berauscht von zyprischem Wein, rutscht er in Begleitung des Architekten Sinan, der ihm den neuen Bäder-Komplex im Harem präsentiert, auf einer Fliese aus und stirbt an den Folgen eines Schädelbruches. Nurbanu gelingt es, den Tod ihres Gatten geheim zu halten, dessen Leiche in einem Eiskeller gelagert wird, bis ihr einziger Sohn Murad aus der Provinz Manisa in die Hauptstadt eilen kann, um sich als Sultan auszurufen – und seine fünf Halbbrüder zu töten. Nurbanu steigt damit in den Rang der Valide Sultan, der Sultansmutter, auf. Fortan ist sie die wichtigste Beraterin für ihren den schönen Künsten ergebenen Sohn Murad III., der den Niederungen der Politik nicht gewachsen ist. Der Harem wird zum Ort der Geheimdiplomatie, von dem aus in aller Stille die Regierungsgeschäfte erledigt werden, die der Sultan nach außen vertritt. Dies gelingt Nurbanu durch die enge Zusammenarbeit mit einem fähigen Großwesir, der Garde der schwarzen Eunuchen und ihrer jüdischen Mittlerin Esther Kira. Sie nutzt ihre westliche Herkunft und Erziehung, um mit ihren venezianischen Landsleuten zu verhandeln. Mit Caterina de Medici, der Frau des französischen Königs, tauscht sie wertvolle Geschenke und diplomatische Noten. In der Öffentlichkeit lässt sich Murad III. kaum sehen, jahrelang verlässt er zum Entsetzen der Untertanen nicht einmal den Palast, um dem Freitagsgebet beizuwohnen. Umso präsenter ist bei Festen und Zeremonien seine Mutter Nurbanu.

Nicht immer vertritt Nurbanu trotz ihrem Übertritt zum Islam die osmanischen Interessen, und mindestens in einem Fall gelingt es ihr sogar, einen Angriffskrieg gegen ihr Heimatland Venedig abzuwenden. Türkische Generäle haben einen Invasionsplan gegen Kreta entwickelt, das sich damals in venezianischem Besitz befindet. Nurbanu, der es gelungen ist, noch vor ihrem Sohn Murad III. davon Kenntnis zu bekommen, zitiert den Admiral zu sich und lässt ihn wissen, dass sie unter keinen Umständen Krieg gegen Venedig wünsche, weil das dem Reich des Sultans mehr Unannehmlichkeiten als Vorteile bringe. Sie verbietet ihm ausdrücklich, diesen Plan gegenüber ihrem Sohn jemals zur Sprache zu bringen. Und wirklich lässt später auf dem Weg zur Audienz mit dem Sultan der Admiral, so berichten die Quellen, das Dossier mit dem Angriffsplan achtlos auf den Boden fallen. Ein Adjutant hebt es dienstbeflissen auf, woraufhin der Admiral geringschätzig sagt, das Papier sei nicht länger nützlich, weil die Mutter des Sultans mit seinem Inhalt nicht einverstanden sei. Tatsächlich blieb in der Folge Kreta von einem Angriff der Türken verschont. 1583 bewilligt der Senat von Venedig mit 131 zu 5 Stimmen ein Geschenk von 2000 Zechinen an Nurbanu wegen ihrer Verdienste um die Republik – ohne je erfahren zu haben, was diese ihrem Vaterland wirklich an Nöten erspart hat.

Nur in einem verweigert sich Murad dem Willen seiner Mutter mit Nachdruck: Er ist trotz ihrer zahlreichen Interventionen nicht bereit, ein polygames Leben zu führen. Für ihn gibt es, ähnlich wie für seinen Großvater und seinen Vater, nur eine einzige Frau, die sein Herz erwärmt, die Albanerin Safiye (»die Blonde«). Mit ihr hat er seinen einzigen Sohn gezeugt, und obwohl Nurbanu ihm immer wieder andere Mädchen präsentiert, erweist er sich denen gegenüber im Bett als impotent. Erst zwei Sklavinnen, Geschenke seiner Schwester, die nicht nur schön, sondern auch hervorragende Tänzerinnen und Musikerinnen sind, heilen Murad III. von seiner Impotenz. Das neu gewonnene Lebensgefühl führt dazu, dass Murad in seinen letzten Lebensjahren einen einsamen Rekord in der Geschichte der osmanischen Sultane aufstellt, indem er mit immer anderen Frauen insgesamt 20 Söhne und 27 Töchter zeugt. Safiye toleriert diese Eskapaden, wenn auch zähneknirschend. Schwerer fällt es ihr, die Hörigkeit Murads gegenüber seiner Mutter Nurbanu zu akzeptieren.

»Alles Gute und alles Schlechte kommt von der Königinmutter«, sagt der venezianische Botschafter Contarini. Und als sie 1583 stirbt, fügt er hinzu: »Einige betrübt der Tod dieser Frau, während er andere tröstet – je nach eigenen Interessen. Sie verschaffte einigen gewaltige Vorteile aufgrund ihrer großen Autorität, die sie gegenüber ihrem Sohn hatte, und enttäuschte andere in ihren Hoffnungen. Aber alle sind sich letztlich einig, dass sie eine Frau von größter Güte, Tapferkeit und Weisheit war.« Verschiedentlich wird angenommen, ein Nurbanu von Safiye verabreichtes Gift sei nicht ganz unschuldig an ihrem Ableben. Dennoch führt Safiye bei aller deutlich bezeugten Abneigung gegen ihre Schwiegermutter deren provenezianische Politik fort und weitet sie aus. Besonderen Wert legt sie auf gute Beziehungen zum englischen Königshaus, wovon ein ausgedehnter Briefwechsel mit Königin Elisabeth I. heute noch Zeugnis ablegt. Ihr Ziel, eine Allianz mit Elisabeth I. gegen die Habsburger, lässt sich nur für eine kurze Zeit verwirklichen. Eine Zeit, in der kurioserweise ein englischer Dramatiker namens William Shakespeare seine Stücke mit antitürkischen Bonmots spickt. Nur in einem Zusammenhang wird den Osmanen bei Shakespeare Gutes nachgesagt: »In der Liebe übertraf er selbst den Türken.«

Safiyes Sohn Mehmet begeht seine Amtseinführung 1595 mit einem Massaker: Er lässt 19 Brüder und sieben von seinem Vater schwangere Konkubinen ermorden. Über das Geschehen wird der englische Botschafter durch einen Bericht des Rabbi Salomon ins Bild gesetzt: »In dieser Nacht wurden seine 19 jüngeren Brüder dem Sultan Mehmet vorgeführt. Sie sollten ihm die Hand küssen, so dass er sie noch ein letztes Mal lebend sehen konnte. Der älteste von ihnen war elf Jahre alt. Ihr Bruder, der Sultan, sagte ihnen, sie sollten keine Angst haben, denn er wolle keineswegs, dass sie Schaden nähmen. Sie sollten nur der Tradition nach beschnitten werden. Solches hatte allerdings keiner seiner Vorfahren je so getan, und sofort, nachdem sie seine Hand ergriffen hatten, wurden sie beschnitten, zur Seite genommen und mit Seidentüchern erdrosselt. Am Samstag wurden die unschuldigen Prinzen gewaschen und der Sitte folgend für die Beerdigung hergerichtet. Einer nach dem andern wurde in einen Sarg aus Zypressenholz gelegt und auf dem Platz vor dem Diwan aufgebahrt. Dort nahm der Sultan von ihnen Abschied, denn altem Brauch entsprechend soll er sie erst lebend, dann tot sehen, um auf dem Blut seiner Brüder das Fundament seiner Herrschaft zu begründen. Es schien ein schrecklicher und grausamer Akt zu sein, aber es ist die Sitte, und die Menschen sind daran gewöhnt.«

In der Zeit des Sultanats der Frauen nimmt diese Gewöhnung ein Ende. Mehmets Nachfolger erträgt den Gedanken an Bruder- und Kindsmord nicht länger – und richtet stattdessen für die Prinzen luxuriöse Gemächer im Harem ein, die sie, streng isoliert von der Außenwelt, nicht verlassen dürfen. Diese neue Praxis der »goldenen Käfige« hat von nun an fast bis ans Ende des Osmanischen Reiches Bestand. Dieser Anflug von Menschlichkeit leitet allerdings den Untergang des riesigen Imperiums ein: Statt in den Provinzen auf ihre Regierungsaufgaben vorbereitet zu werden, herrscht nun eine Erziehung zur Weltfremdheit vor. Im Islam ist klar bestimmt, dass der Herrscher männlich sein muss. Doch diese als Nachfolger des Propheten Mohammed idealisierten Sultane erweisen sich, wenn sie aus dem Schutz ihrer goldenen Käfige entlassen werden, als emotional zutiefst gestört. Hätten in dieser Phase im 17. Jahrhundert die Frauen im Harem nicht Herrscherfunktionen übernommen, wäre das Osmanische Reich schon damals untergegangen. Zu Zeiten des Sultanats der Frauen gibt es nur eine einzige Funktion, die ihre geisteskranken oder minderjährigen Söhne als Sultan unbedingt ausüben müssen: das persönliche Kommando über die Armee.

Spurensuche in Istanbul

Jahrhundertelang hat, begleitet von seinen geheimnisvollen schwarzen Eunuchen, nur ein einziger Mann den Eingang zum Harem des Topkapı Serail durchschritten: der Sultan des Osmanischen Reiches. Was sich hinter dem Tor befand, hat ihn zum meistbeneideten Mann der Welt gemacht.

Heute steht der Harem den Besuchern offen, wer orientalische Üppigkeit erwartet, wird von der Strenge der kleinen Räume und Innenhöfe überrascht sein. Große Teile des Harems stammen zudem aus späteren Zeiten, vor allem aus dem 18. Jahrhundert. Im originalen Zustand ist noch das prunkvoll vergoldete Bad Süleymans, ein Werk des Architekten Sinan. Während der Topkapı Serail neugierige Besucher aus aller Welt anzieht, existiert der Alte Palast heute nicht mehr, da er durch einen Brand vernichtet wurde.

Das Istanbul im Zeichen des Halbmondes verdankt, mit Ausnahme der später von einem Schüler Sinans erbauten Blauen Moschee, sein heutiges Aussehen vor allem den Bauten zur Zeit Süleyman des Prächtigen.

Dessen Architekt Sinan schuf im Auftrag Süleymans, seiner Kinder und seiner Wesire einige der eindrucksvollsten Moscheen der Welt. Der legendäre Palast von Ibrahim Pascha am Hippodrom wurde als Sitz des Museums für türkische und islamische Kunst sorgfältig restauriert. Unweit davon befindet sich ein im Auftrag seiner Feindin Roxelana errichteter Badekomplex, der ebenfalls original erhalten ist und das staatliche Teppichmuseum beherbergt.

Eindrucksvoll sind die so genannten Türben, Grabmäler aus der Zeit Süleymans und seiner Nachfolger. Der Sultan selbst ruht in einer Türbe auf dem Komplex der Süleymaniye Moschee; nur wenige Schritte entfernt hat Roxelana ein eigenes Grabmausoleum erhalten.

Auf dem Gelände der Hagia Sophia befinden sich vier Türben, unter anderem mit den Särgen Nurbanus und Selims II. Einen erschütternden Anblick bietet das Grabmal Murads III. mit den 19, teilweise winzigen Särgen der von seinem Sohn ermordeten Prinzen.

Den besten Eindruck vom ruinösen Pomp des untergehenden Osmanischen Reiches im 19. Jahrhundert bietet der Dolmabahçe-Palast in Besiktas. Hier kann man den originalen Zustand des Harems zum Zeitpunkt seiner Auflösung im Jahr 1909 besichtigen. Anders als der alte Harem des Topkapı Serail mit seinen nackten Räumen ist hier auch die Innenausstattung gut erhalten.

Im Westen glaubt man, dass die Trennung der Geschlechter in der traditionellen islamischen Gesellschaft die Frauen dazu verdammt, eine unterwürfige Rolle zu spielen. Die Trennung der Gesellschaft in eine Welt der Männer und eine der Frauen schafft jedoch zwei Hierarchien, die nebeneinander bestehen. Trotz ihrer Absonderung besitzen die Frauen weit über den Harem des Sultans hinaus Einfluss. Sie verfügen über Reichtümer und eigenen Besitz; ihre ökonomische Unabhängigkeit ist durch das islamische Recht garantiert. Sie gründen häufig religiöse Stiftungen, die sich um die Befreiung von Sklaven und um Wohltätigkeit bemühen. In besonderer Weise versuchen sie, benachteiligten Frauen, Waisen, Armen, Gefangenen, Prostituierten, zu helfen. Ihre Macht geht so weit, dass sie die Heiratspolitik, selbst der Kinder des Sultans, über dessen Kopf hinweg bestimmen.

Kösem, seit 1604 die Konkubine Ahmets I., der die goldenen Käfige eingeführt hat, ist die wohl mächtigste Frau der osmanischen Geschichte. Die als Anastasia geborene Griechin hebt in den 44 Jahren ihrer Herrschaft vier Sultane auf den Thron, neun Jahre lang verzichtet sie sogar auf ein solches Alibi und regiert offiziell allein. Die von ihr protegierten Herrscher bilden ein unglaubliches Panoptikum; sie werden von der Geistlichkeit und den Wesiren für regierungsunfähig erklärt – von Kösem aber immer wieder inthronisiert.

1651 leitet ein Putsch der schwarzen Eunuchen das Ende des Sultanats der Frauen ein. 20 Pagen dringen in Kösems Gemächer ein, finden dort jedoch an ihrer Stelle nur eine wunderliche alte Frau, die Gesellschafterin der Sultanin. Diese richtet eine Pistole auf die Männer, antwortet auf deren Frage, wo sich Kösem befinde, sie selbst sei die Gesuchte, worauf sie die Pistole abfeuert. Kösem wird in einem Ver-

Sultan Süleyman der Prächtige (Uwe Bohm) übertritt die Gebote der Osmanen. Er verliebt sich in Roxelana und ignoriert die anderen Frauen im Harem.

Mahidevran und die Sultansmutter Hafsa planen eine Verschwörung ...

... doch Roxelana bleibt die Siegerin.

Ludwig XIV. (1638–1715), bis heute berühmtester Herrscher Frankreichs, als Sonnenkönig Inbegriff absolutistischer Machtinszenierung. Gemälde von Pierre Mignard, um 1662.

Vergeblich versucht die eifersüchtige Königin Maria Theresia, attraktive Frauen vom Hof fernzuhalten.

Ludwig XIV. (Sylvester Groth) setzt gegen alle Widerstände das Mätressenwesen durch. Seine Devise: »Geht es dem König gut, geht es auch dem Volk gut!«.

»Der König ist es seinen Untertanen schuldig, die schönste Frau Frankreichs zur Mätresse zu nehmen«, sagt Athénaïs de Montespan (Suzan Anbeh). Und mit der schönsten Frau meint sie sich selbst.

Louise de La Vallière (Marie-Christine Friedrich), die erste offizielle Mätresse Ludwigs XIV., hat zwei Probleme. Unsterblich in den König verliebt, wird sie sehr sterblich zurückgeliebt ...

... und sie glaubt, Madame de Montespan sei ihre beste Freundin.

Madame de Maintenon (Christina Große),
Erzieherin der unehelichen Kinder Ludwigs XIV.

Madame de Maintenon wird zur gefährlichen Rivalin
für Athénaïs de Montespan.

Schloss und Park von Vaux-le-Vicomte bei Paris bewahrt
bis heute wie kaum ein zweiter Ort den Zauber und Glanz der Ära
des Sonnenkönigs Ludwig XIV.

steck im Schlafzimmer von einem Pagen mit dem bezeichnenden Spitznamen »der Verrückte« gefunden. Kösem versucht, die Pagen zu bestechen, die das Geld gern nehmen, die Sultanin aber dennoch auf Befehl des Obereunuchen an ihren Füßen zum Tor schleifen. Kösem wehrt sich mit unbändiger Kraft, vier kräftige Männer sind nötig, um sie festzuhalten und zu erdrosseln. Man lässt den vermeintlichen Leichnam liegen, doch kaum sind die Pagen außer Sicht, erhebt sich Kösem noch einmal und versucht zu fliehen. Die Henker werden zurückbeordert und bringen die einst allmächtige Frau nun wirklich zu Tode.

In den kommenden fünf Jahren sorgt ein Großwesir für die Entmachtung des Harems, der zu dieser Zeit auf die Rekordzahl von 2000 Bewohnerinnen angewachsen ist. Zu seiner alten Stärke findet das Osmanische Reich jedoch auch dadurch nicht zurück, dass die Sultane nun wieder die Herrschaft übernehmen.

Das Ende des Harems

In der türkischen Geschichtsschreibung wird das Sultanat der Frauen als die düsterste Zeit der Osmanen dämonisiert. Frauen wie Roxelana gelten als blutgierige Landesverderberinnen. Die ihre eigene Familie mordenden Sultane werden dagegen bis heute heroisiert. Dass Haremssklavinnen von europäischer Herkunft jahrzehntelang die Geschicke des größten islamischen Reiches aller Zeiten bestimmt haben, passt nicht in ein Geschichtsbild, das nur Männern die Ausübung von Herrschaft zubilligt.

Es ist erstaunlich, wie unwidersprochen diese Verteufelung der »Weiberherrschaft« bis in die jüngste Zeit auch im aufgeklärten Europa fortgeschrieben wurde. In dem noch heute an allen Universitäten als Standardwerk genutzten Buch von Joseph Matuz »Das Osmanische Reich« finden sich Sätze mit deutlich frauenfeindlichem und rassistischem Beigeschmack: »Nicht nur der Sultan, sondern auch die hohen und höchsten Würdenträger hingen in erheblichem Maße von den höhergestellten Haremsdamen ab. Auch bei politischen Entscheidungen sprachen sie ein gewichtiges Wort mit, obwohl sie dafür in keiner Weise qualifiziert waren. Um der Macht willen waren ihnen selbst die verwerflichsten Mittel recht. Die Damen im Serail lebten verschwenderisch und luxuriös, während sich gleichzeitig die Staatskasse immer mehr leerte. Natürlich wuchs auch der Einfluss der schwarzen Eunuchen, der Vertrauenspersonen der Haremsdamen. Diese schwarzen Ağas waren ebenfalls bestrebt, ihre Macht auszubauen und Reichtümer anzuhäufen.« Die amerikanische Professorin Leslie Peirce bewies dagegen in einer 1993 veröffentlichten Forschungsarbeit, wie tief verwurzelt eine weibliche Teilhabe an der Macht im Osmanischen Reich bereits lange vor dem »Sultanat der Frauen« war.

Die zweite Belagerung Wiens im Jahre 1683 markiert einen letzten Versuch, die glorreichen Zeiten eines Süleyman zurückzuholen, jedoch vergeblich. Der Rückzug der Osmanen von der weltgeschichtlichen Bühne zieht sich zwar noch über mehr als zwei Jahrhunderte hin, doch ist er unaufhaltsam. Immer glanzvoller geraten die Umbauten im Innern des entmachteten Harems. Die Klischees des Westens über den orientalischen Harem kehren nun an ihren Ursprung zurück, wo sich die letzten Sultane bemühen, westliche Fantasien wahr werden zu lassen.

In den letzten Jahrzehnten des Osmanischen Reiches nehmen die Versuche, den wirtschaftlichen und politischen Niedergang durch immer opulentere Prunkentfaltung zu verdecken, tragikomische Züge an. Steuerausfälle und ausstehende Gehälter lassen die Verwaltung, unter Süleyman Herzstück des Reiches, in Korruption und Anarchie versinken. 1856 verlassen die Sultane den ehrwürdigen Topkapı Serail, dessen schlichte Eleganz ihnen nicht mehr zeitgemäß scheint. Sie beziehen den neuen Dolmabahçe-Palast im Stadtteil Besiktas am Bosporus, einen protzigen Klotz von gewaltigen Ausmaßen, dessen über 300 Säle und Zimmer mit kostbaren Kleinodien voll gestopft sind, darunter der berühmte 4,5 Tonnen schwere Kronleuchter aus böhmischem Glas.

Auch die Frauen des Sultans siedeln in den Dolmabahçe-Palast über. 1898 besucht die deutsche Kaiserin den Harem. Ihre hohen Erwartungen werden tief enttäuscht: »Ach Gott! Eine Menge sehr dicker Frauen, die Konfitüren und Pralinees aßen und furchtbar gelangweilt aussahen.« 1909 wird der Herrscherharem endgültig aufgelöst, dem noch ungefähr 500 Sklavinnen angehören. Das Schicksal der letzten Bewohner ist traurig. Viele der ehemaligen Odalisken, Sklavinnen und Eunuchen fristen von nun an ihr Dasein als exotische Attraktionen auf Jahrmärkten in der westlichen Welt.

LVDOVICO MAGNO.

Im Bett
mit dem König

Die Schlafzimmer des Königs

Am spanischen Hof gibt es keine Mätressen, nur Reifröcke und die Inquisition. Maria Theresia irrt als Kind durch die düstere Unendlichkeit monströser Königspaläste. Sie verbringt die Nächte abgeschieden wie in einem türkischen Harem, in einem besonderen Appartement, in dem die Schlüssel abgezogen werden; Hofnärrinnen und Zwerge, die trotz ihrer Männlichkeit als harmlos gelten, sind ihre einzige Gesellschaft. In fantastischen Träumereien malt sie sich aus, einen Prinzen zu heiraten. Dass die Prinzen in benachbarten Reichen leben, mit denen Spanien Krieg führt, hat man ihr nicht beigebracht, ebenso wenig wie den Umstand, dass diese keine Märchengestalten, sondern profane Männer mit sehr irdischen Fehlern sind. Ausgestattet mit etwas mehr Intelligenz wäre sie vielleicht wahnsinnig geworden, doch die Natur hat der kleinen blonden Prinzessin gerade so viel Verstand mitgegeben, um nicht als Idiotin zu gelten.

Jahre später, im Juni 1660, steht Maria Theresia, zuckersüß herausgeputzt und aufgeregt, auf einer Insel mitten im baskischen Grenzfluss zwischen Spanien und Frankreich. Eine schmale Lücke zwischen zwei Teppichen in einem Zelt symbolisiert das Niemandsland zwischen den beiden Reichen. Wenige Meter entfernt wartet ihr Bräutigam. Zwar ist

dieser Franzose und, so viel versteht selbst Maria Theresia, die Heirat mit ihm Teil eines Friedensvertrages zweier Erbfeinde. Doch Ludwig XIV. ist ein stattlicher junger Mann mit kastanienbraunem Haar, das in üppigen Locken auf seine Schultern fällt. Freilich hat sie sich ihre Märchenhochzeit ganz anders vorgestellt. Ein Schubs, mehr nicht, von dem einen Teppich im Zelt auf den anderen, ohne Prunk und ohne Feier, besiegelt den Vertrag der Ehe.

Neben ihrem neuen Gemahl steht der mächtige Kardinal Mazarin, zu dessen Nichte Ludwig XIV. eine tiefe romantische Liebe hegt, die nun den dynastischen Erfordernissen geopfert wird. Davon ahnt Maria Theresia nichts; dass der König eine andere Frau neben der Königin begehren könnte, ist außerhalb ihrer Vorstellungskraft. Nervös warten die spanischen wie auch die französischen Unterhändler das Ende der Hochzeitsnacht ab. Erst der vollzogene Beischlaf besiegelt nach kirchlichem Recht die Ehe. Sie können beruhigt sein, obwohl sich am nächsten Morgen Ludwig XIV. alles andere als begeistert zeigt. Die feurige schlanke Nichte Mazarins für die spanische Prinzessin zu opfern ist aus erotischer Sicht für den französischen König ein schlechter Tausch. Maria Theresia ist von kleinem Wuchs, pummlig und hat eine schiefe Schulter. Ein entscheidendes Plus in den Augen von Ludwig XIV. ist hingegen die Schlichtheit des Geistes seiner Gattin, denn mit ausländischen Königinnen, die ihren Kopf zu benutzen wissen, haben die Franzosen sehr gemischte Erfahrungen gemacht. Zwar gereichte die umsichtige Regentschaft seiner Mutter, Anna von Österreich, Frankreich zum Vorteil. Doch unvergessen ist noch die katastrophale Herrschaft seiner italienischen Großmutter Maria di Medici, die nicht einmal davor zurück-

schreckte, Kriegspläne gegen ihren eigenen Sohn, den König, zu hegen.

Als Maria Theresia am französischen Hof ankommt, hat sie keinen leichten Stand. Man spottet über ihren Reifrock, ihr schlechtes Französisch und ihre steifen Sitten. Auf die unernste Frage, »ob sie denn nie verliebt gewesen sei«, antwortet sie in aller Unschuld: »Wie hätte dies möglich sein sollen, es gab in Spanien nur einen einzigen König, und das war mein Vater!« Über diesen Vater Maria Theresias geht noch eine andere Anekdote um. Ein Geschenk kostbarer Seidenstrümpfe wies sein Zeremonienmeister mit dem Ausruf empört zurück: »Die Königinnen von Spanien haben keine Beine!« Die Hofdamen zerreißen sich über die Ungeschicklichkeit ihrer neuen Herrin die Mäuler, die mit hohen Absätzen versucht, die Pariser Mode mitzumachen, dabei jedoch oft hinfällt, worauf die Damen, statt ihr aufzuhelfen, schnell in eine Kammer weglaufen, damit man ihr lautes Lachen nicht hört.

Schlimmer noch ist, dass Ludwig XIV. ihr nicht traut. Bei jeder diplomatischen Krise mit Spanien verdächtigt er sie, ganz zu Unrecht, der Spionage. Und weil sie mit all ihrer treuherzigen Naivität den König aufrichtig verehrt, vielleicht sogar liebt, treffen sie diese Vorwürfe tief. Der einzige Trost ist ihre Sammlung von Zwergen, die sie stetig erweitert, und ihre Neigung zu religiöser Erbauung. Am Hofe führt sie bald ein eigentümliches Schattendasein. An den meisten Vergnügungen, Reiten, Jagen, Ballspielen, nimmt sie nicht aktiv teil, sondern steht mit pikierter Miene abseits. Dennoch ist sie durch das Zeremoniell zu ständiger Präsenz verdammt. Man sieht sie immerzu, beim Essen, bei Spaziergängen, Konzerten, auf Reisen – und sieht sie doch eigentlich

nie. Denn alle Blicke am Hof sind immer nur auf einen einzigen Menschen gerichtet, den König; Gunst und Missgunst seinen Augen abzulesen ist lebenswichtig. Und die Augen Ludwigs XIV. schweifen über die Prinzen und Herzöge, die Minister und Hofdamen, manchmal freundlich, manchmal eisig – nur auf die Königin treffen sie nicht.

Es gibt nur einen Ort, an dem der König seine Gattin wirklich zur Kenntnis nimmt – in ihrem Schlafzimmer. Hier sucht er Maria Theresia mit uhrwerkhafter Regelmäßigkeit auf und widmet sich dem wichtigsten aller Staatsgeschäfte – der Produktion von Thronfolgern. Ein intimer Akt ist das nicht; er vollzieht sich in Anwesenheit von Dienern und Dienerinnen. Die Empfindungen der Domestiken sind dem Herrscherpaar gleichgültig; man präsentiert sich ihnen gegenüber ohne Scheu in aller Nacktheit. Der Verschwiegenheit der Zeugen zum Trotz erfährt anderntags der Hof dennoch sofort, wenn Ludwig XIV. seiner Gattin beigewohnt hat; denn dann klatscht sie beim Aufstehen laut in die Hände und spricht nach der Messe ein besonderes Dankgebet. Aufopferungsvoll widmet sich Maria Theresia ihrer wesentlichsten Aufgabe: Sechs Prinzessinnen und Prinzen bringt sie zur Welt – fünf davon sterben schon als Kinder.

Es mag vorkommen, dass Maria Theresia an der Schulter ihres Gatten einschläft, doch niemals findet sie ihn an ihrer Seite, wenn sie am nächsten Morgen erwacht. Der Königspalast (der Louvre, das Palais Royal oder später Versailles) verfügt immer über zwei spiegelbildliche Flügel, der eine besteht aus dem Appartement Ludwigs XIV., der andere aus den Zimmern Maria Theresias. Die Schlafzimmer des Königs und der Königin liegen genau gegenüber. Spät in der Nacht wechselt der König immer von dem einen in das andere

Schlafzimmer, ins *chambre du roi*. Hier vollzieht sich täglich gegen acht Uhr morgens ein wichtiges Ritual, das *Lever*, das zeremonielle Aufstehen des Königs. Hier hat er sich vor den Augen auserwählter Höflinge zum Schlafengehen entkleidet, und hier beginnt er jeden neuen Tag.

Die Macht der Rituale

Für den König von Frankreich gibt es kein Privatleben und keine Intimität. Nach damaliger Auffassung ist ganz Frankreich seine Wohnung – und selbst sein Schlafzimmer ist ein öffentlicher Ort. Hier steht er vor den Augen der Höflinge auf und bettet sich zur Nacht. Morgens um acht werden vom ersten Kammerdiener, der zu Füßen des königlichen Bettes geschlafen hat, die Türen geöffnet. Dann werden in sechs Etappen die Höflinge eingelassen, beginnend mit der Familie, es folgen in penibler Abstufung die Ärzte, Vorleser, Minister, Marschälle usw. Diese Zeremonie des Aufstehens, das *Lever*, zeigt jedem Höfling an, wie hoch er in der Hierarchie steht. Je nach Gunst des Königs darf er bereits zusehen, wie dem König das Nachthemd ausgezogen wird, oder auch erst, wenn er seinen Degen festschnallt.

Selbst wenn der König seine menschlichsten Bedürfnisse verrichtet, schaut ein Teil des Hofstaates zu. Dies geschieht während der »kleinen Abendaudienz«. Anwesend zu sein, wenn sich der König im Schlafrock auf seinen Nachtstuhl setzt und den Darm entleert, gilt als höchste Auszeichnung. Bittsteller oder Karrieristen investieren astronomische Summen, um diesem Moment beizuwohnen.

Ludwig XIV. perfektioniert im Laufe seiner Herrschaft diese Rituale und nutzt sie als Instrument seiner Herrschaft. Auf diese Weise wird ganz Frankreich in ein starres System gepresst. Die Bäume in den königlichen Gärten werden zu geometrischen Figuren geschnitten. Die Menschen sind vollauf mit komplizierten Grußvorschriften und sonstigen Zeremonien beschäftigt und kommen nicht mehr auf den Gedanken, gegen den König zu rebellieren. Doch eine Welt, in der bereits vier Diener erforderlich sind, um dem König auch nur ein Glas Wasser zu reichen, erstickt am Ende jede Lebensregung und weiht sich selbst dem Untergang.

Dass der König bei seiner nächtlichen Wanderung durch den Palast meist noch ein drittes Schlafzimmer aufsucht, erfährt die Königin lange nicht. Es gehört Louise de La Vallière, einer schlanken Brünetten mit auffallender Gesichtsröte und einem Gehfehler. Sie stammt aus niederem Adel und ist eine der Hofdamen der Schwägerin der Königs. Was er dort findet, geht über ein erotisches Abenteuer hinaus und ist für ihn noch kostbarer als der Staatsschatz: Verständnis und Vertrauen. Nirgendwo sonst am Hof ist das zu haben. Noch 1648 hat der französische Hochadel versucht, den damals zehnjährigen Ludwig zu stürzen. Dieser Aufstand, die *Fronde*, hat sich über sechs Jahre hingezogen. Selbst den Familienangehörigen muss der König misstrauen. Als potentielle Thronfolger sind sie nicht nur Verwandte, sondern Konkurrenten im Kampf um die Macht. Einzig die Mätresse ist völlig von der Gunst des Königs abhängig. Ihr Wohlergehen ist direkt an das des Königs gekoppelt. So tut sie alles, um dem König eine loyale Verbündete und anregende Partnerin zu sein. Louise ist jedoch in einer Hinsicht anders als alle Mätressen, die Ludwig später haben wird: Sie liebt ihn rückhaltlos und innig – nicht als König, sondern als Mann.

Die aufmerksameren unter den Höflingen wissen von der Affäre seit einem Platzregen im Juni 1661, bei dem der König seinen Hut abnahm, um ihn schützend über Louises Haarpracht zu halten. Offiziell wird das Verhältnis jedoch nicht. Seit 50 Jahren hat es keine Mätresse am Hof gegeben, zu der sich ein französischer König bekannt hätte. Außerdem ist Maria Theresia schwanger. Die Furcht, die Königin könne eine Fehlgeburt erleiden, wirkt ebenso stark wie die vor einer donnernden Predigt des wortgewaltigen Hofpredigers Bossuet. So achtet der König sorgsam darauf, die Liaison so weit zu vertuschen, dass es mit gutem Willen möglich ist, darüber hinwegzusehen. Ihre ersten Schwangerschaften muss Louise geheim halten; und schon Tage nach der Niederkunft hat sie wieder am Hof zu erscheinen, als von einer nicht näher benannten Krankheit genesen. Kutschentouren über Stock und Stein, kurz vor der Entbindung, sind etwas ganz Übliches. In dieser einen Hinsicht ergeht es der Königin besser als ihren heimlichen Konkurrentinnen. Ludwig XIV. lässt für sie einen speziell gefederten Stuhl konstruieren, der ihr ein erträgliches Reisen ermöglicht, wenn sie schwanger ist.

Jäger und Gejagte

Louise de La Vallière kommt mit Tieren besser zurecht als mit Menschen. Wenn sie inmitten des waffenkundigen männlichen Hochadels auf die Bärenhatz geht, macht sie dabei eine so gute Figur, dass die Hofmaler sie als Diana, die römische Göttin der Jagd, porträtieren. Zu Beginn seiner Affäre mit Louise ist Ludwig noch kein großer Herrscher, sondern glänzt vor allem als talentierter Tänzer. Und sie ist keine große Dame, sondern nur eine talentierte Reiterin. Louise kann aufrecht auf einem Pferderücken balancieren, es aber nicht ertragen, wenn sich Menschenrücken vor ihr beugen. All die pompösen Rituale, die auf das burgundische und habsburgische Hofzeremoniell zurückgehen, behagen auch dem jungen Ludwig XIV. nicht.

Die Regierungsgewalt liegt weitgehend in den Händen des allmächtigen Ministers Nicolas Fouquet. Seit 1653 finanziert er das Königshaus, um es letztlich umso mehr auszuplündern. Fouquet hat viele Gegner, was ihn nicht weiter stört, denn er ist nicht nur Oberintendant der Finanzen, sondern auch Postminister, was ihn in die Lage versetzt, ihm verdächtig erscheinende Briefe, seiner Feinde und vermutlich ebenso seiner Freunde, auszuspionieren. Er ist als einer der Ersten über die heimliche Affäre des Königs informiert – und bietet prompt Louise de La Vallière eine enorme Geldsumme an, um sich ihrer Unterstützung zu versichern. Die konsternierte Mätresse lässt den Minister wissen, auch das zehnfache des gebotenen Goldes könnte sie nicht zu einem falschen Schritt veranlassen, und informiert stattdessen den König.

In Vaux-le-Vicomte, östlich von Paris, errichtet Fouquet mit unvorstellbarem Aufwand ein Schloss von vollkommener Schönheit in einem neuartigen Stil, wie ihn die Welt noch nicht gesehen hat. Im August 1661 gibt er dort zu Ehren von Ludwig XIV. mit Feuerwerken, Wasserspielen und gewagten Inszenierungen eines der prachtvollsten Feste, die es jemals in der französischen Geschichte gegeben hat. Das Vorhaben, den König zu beeindrucken, gelingt ein wenig zu gut. Wenige Wochen später wird Fouquet verhaftet, seines Vermögens beraubt und in eine Festung gesperrt, wo er für den Rest seines Lebens darüber nachsinnen kann, welches seiner Ränkespiele ihn die Gunst des Königs gekostet hat.

Ludwig XIV. nimmt nach dem Tod seines Erziehers, des Kardinal Mazarins, und der Entmachtung von Fouquet die Regierungsgeschäfte selbst in Hand. Er profitiert auf verschiedene Arten von deren Vermächtnis. Mazarin hat ihn Diplomatie, Fouquet hat ihn den guten Geschmack gelehrt. Als seine Idee fügt der König hinzu, durch den schönen Schein die Realität zu besiegen. Mit der eigenen Gestalt macht er dabei den Anfang. Eigentlich ist Ludwig nur 1,62 Meter groß, doch er trägt 15 Zentimeter hohe Absätze, dazu einen Hut, was ihm einen pompösen Auftritt verschafft. Er übernimmt jenes geniale Dreigestirn, das Vaux-le-Vicomte in jenen magischen Ort verwandelt hat, der dem Schlossherrn Fouquet Unheil brachte. In den folgenden Jahren werden der Architekt Le Vau, der Maler Le Brun und der Gartengestalter Le Nôtre Versailles schaffen, das monumentalste Bauvorhaben des 17. Jahrhunderts.

Als Kind, unter dem Druck der aufständischen *Fronde*, war Ludwig XIV. zeitweise bettelarm. Diese schmähliche Erinnerung wird nun unter steinernen Kaskaden begraben. Auch das legendäre Fest Fouquets wird der König fortan häufig kopieren, mit einer kleinen, aber entscheidenden Änderung: Bei diesen Großvergnügungen besteht für den Hochadel Anwesenheitspflicht; die erforderlichen Kostüme sind so teuer, dass sich die Adligen ruinieren, um vor dem König standesgemäß zu erscheinen. Offen gegen Ludwig zu agieren wagt einstweilen niemand, doch zum Glück gibt es immer noch das feinere Mittel der Intrige.

Im Sommer 1662 gerät das Herz der Königin Maria Theresia zuerst in freudige Aufregung: Ein Brief ihres Vaters Philipp IV. ist eingetroffen. Der Inhalt lässt sie freilich in einer Stimmung zwischen Tränen und Wutausbrüchen zurück, denn der Brief enthüllt ihr, was am Hof den meisten kein Geheimnis mehr ist: die Affäre Ludwigs mit der jagenden Hofdame Louise de La Vallière. Der Seitensprung ist für die Königin schlimm genug, aber dass sie eine so unbedeutende Person zur Konkurrentin hat, verstärkt noch ihren Zorn, so dass ihr das etwas merkwürdige Spanisch des Briefes nicht weiter auffällt. Die Botschaft ist eine Fälschung, ausgeheckt von eifersüchtigen Hofdamen, allen voran Henriette von England, die Schwägerin des Königs, die selbst ein Auge auf Ludwig geworfen hat. Die Affäre setzt eine Lawine in Gang, die am Ende einen ganz anderen als den erwünschten Effekt hat. Denn trotz der geballten Kritik seiner Mutter, seiner Frau und des Klerus denkt der König gar nicht daran, auf seine Vergnügungen mit Louise zu verzichten. Ganz im Gegenteil, gibt er seiner Affäre nunmehr einen öffentlichen Anstrich. Heimliche Affären sind eines Königs ohnehin unwürdig, meint Ludwig. Er müsse sich nicht vor seinen Untertanen verstecken, und die Beziehung zu einer Mätresse sei ein mehr als angemessener Ausgleich für seine anstrengenden Staatsgeschäfte.

Eine kurze Geschichte der französischen Mätressen

Ludwig XIV. ist nicht der erste französische König, der sich mit Mätressen umgibt. Aus dem späten Mittelalter ist die Geschichte von Agnès Sorel (1422–1449) überliefert, der Geliebten von Karl VII. Die Liaison sorgt für öffentliche Empörung, Agnès demonstriert öffentlich Zerknirschung über ihre Sünden, doch zur Beendigung der Affäre führt dies nicht. Dem Verdacht, Agnès sei vom Sohn Karls VII. vergiftet worden, ist 2004 ein französischer Forscher nachgegangen. Agnès war zum Zeitpunkt ihres Todes im siebten Monat schwanger. Die kriminologische Untersuchung des exhumierten Leichnams weist als Todesursache eine Quecksilbervergiftung aus, die sowohl als Folge einer medizinischen Fehlbehandlung wie auch als Mord interpretiert werden kann.

Der Renaissancekönig Franz I. unterhält zahlreiche intensive Liebschaften. Bemerkenswert ist, dass von keinen Kindern aus diesen Verbindungen gesprochen wird, während der König zur gleichen Zeit mit seiner Gattin acht eheliche Kinder zeugt. Sein Sohn Heinrich II. steht ganz unter dem Einfluss seiner Mätresse Diane de Poitiers (1499–1566), die ihn an Nachruhm weit übertrifft. Heinrich IV., erster Bourbone auf dem französischen Thron, hat etliche Mätressen und versteckt sie so wenig, dass er eine von ihnen, Gabrielle d'Estrées (1570–1599), sogar heiraten will. Sie stirbt, während der König gerade die Scheidung von seiner Gattin betreibt, unter ungeklärten Umständen. Nach einer Pause von 50 Jahren wird unter Ludwig XIV. mit Louise de La Vallière wieder eine Mätresse am Hof offiziell benannt. Danach etablieren sich die Mätressen so nachhaltig, dass unter Ludwig XV. Madame de Pompadour eine Machtposition erlangt, die einem Ministeramt entspricht.

Obwohl sich Maria Theresia als Königin gedemütigt fühlt und als Frau von Eifersucht geradezu zerfressen wird, wird sie von nun an ihren Gatten mit seiner offiziellen Mätresse teilen. Auf Befehl des Königs muss sie ihr Einverständnis gegenüber aller Welt zeigen, indem sie sich bei Gottesdiensten an die Seite von Louise setzt und bei Festen höfliche Konversation mit ihr pflegt. Louise de La Vallière fühlt sich dabei ebenso unwohl wie die Königin. Sie bleibt die schüchterne Amazone, während Ludwig mehr und mehr in die Rolle des bewunderten Souveräns, des Sonnenkönigs hineinwächst. Frankreich wird zur führenden Großmacht und zum kulturellen Leitbild ganz Europas – und Ludwig XIV. ist Frankreich. Bald zählen nur noch der pomphafte Aufzug und die große Geste; die Mätresse wird zum Statussymbol. Etliche Damen am Hof finden, dieser glanzvolle König verdiene statt der unbeholfenen Louise eine ihm ebenbürtige Gefährtin, und bieten ihre eigenen Dienste an.

»Der König ist es seinen Untertanen schuldig, die schönste Frau Frankreichs zur Mätresse zu nehmen«, sagt dagegen Françoise-Athénaïs de Montespan. Und mit der schönsten Frau meint sie sich selbst. Trotz ihrer äußerlichen Vorzüge ist es Athénaïs gelungen, Hofdame von Maria Theresia zu werden. Das ist erstaunlich, denn die Königin duldet eigentlich in ihrer Umgebung keine weiblichen Reize, die das Interesse Ludwigs erregen könnten – nur ihre Zwerge sind noch hässlicher als ihr Gefolge. Dass die Montespan frisch verehelicht ist, gilt ganz gewiss nicht als Hinderungsgrund für eine Affäre; allerdings hat es sich um eine von der Familie nicht gewünschte Liebesheirat gehandelt. Darüber hinaus gilt Athénaïs als tugendhaft und fromm – ganz wie ihre Mutter, die lange Jahre eine respektable Ehrendame in den Diensten der Anna von Österreich war.

Nicht nur die Königin täuscht sich in ihr, auch die unschuldige Louise de La Vallière, deren Nähe die Montespan sucht, was ihr zusätzlich einen regelmäßigen Umgang mit dem König verschafft. Athénaïs brilliert mit funkelnden Geistesblitzen, die umso unterhaltsamer sind, als sie sich meist an der Grenze zur Unverschämtheit bewegen. Ihre auf präziser Beobachtung ruhenden Parodien auf die Mimik und Redeweise der Hofgesellschaft sind ebenso berühmt wie gefürchtet. Für Louise ist es eine große Erleichterung, die Montespan in ihrer Nähe zu wissen. Sie fürchtet immer, den König zu langweilen, während es Athénaïs versteht, ihn zum Lachen zu bringen. Louise hält ihre knisternden Neckereien für harmlos, während der König recht schnell die Absichten der frommen Ehefrau erspürt. So sehr ihn der Witz der Montespan amüsiert, so wenig hält er anfangs von ihren Koketterien. »Sie kann machen, was sie will, aber ich will nicht!«, sagt er seinem Bruder. Noch hängt er zu sehr an Louise. Doch mehr und mehr findet Ludwig XIV. Gefallen daran, mit der sarkastischen Athénaïs am Abend die Ereignisse des Tages zu kommentieren und gemeinsam über den neuesten Klatsch zu spotten. Louise, die meistbeneidete Frau Frankreichs, hat nun zwei Probleme. Unsterblich in den König verliebt, wird sie sehr sterblich zurückgeliebt. Und sie glaubt, die Montespan sei ihre beste Freundin.

Ernst wird es für Louise und für Europa im Sommer 1667. Der König zieht zum ersten Mal gegen das damals spanische Flandern in den Krieg. Als Vorwand dienen Erbansprüche seiner Gattin Maria Theresia. Die Königin muss daher, begleitet von ihrer Hofdame Montespan, dem Gatten in der Kutsche von Schlachtfeld zu Schlachtfeld nacheilen, um ihr Einverständnis mit dem Krieg gegen ihr Vaterland nach außen zu demonstrieren. Louise darf den Geliebten nicht begleiten; sie ist schwanger, doch haben solche Rücksichten den König selten interessiert. Vielmehr gilt es, die als diplomatische Schachfigur zu Bedeutung gelangte Königin nicht mehr als nötig zu verärgern; er hat ihr versprochen, mit Louise nie wieder zu schlafen.

Die spanische Armee ist in einem bejammernswerten Zustand, und so eilen die französischen Truppen mühelos von Sieg zu Sieg. Die schnellen militärischen Erfolge lasten den König sichtlich nicht aus, und so dürstet er nach weiteren Eroberungen. Im Juni 1667 gönnt Ludwig XIV. seinen Soldaten überraschend eine Pause. Der offizielle Grund, die Festungsmauer von Charleroi bedürfe der Erneuerung, kaschiert mehrere ebenso lange wie geheime Tête-à-Têtes mit Athénaïs de Montespan. Es ist das erste Mal, dass sich beide unter vier Augen sehen; selbst Athénaïs ist überrascht, als plötzlich die Hofdame, mit der sie sich ein Zimmer teilt, mit verschwörerischer Miene verschwindet, um den König eintreten zu lassen. Diese Konspiration reicht zwar aus, um die Königin ahnungslos zu lassen; doch in Paris erfährt es umgehend der halbe Hof. Louise bricht zunächst zusammen – und beschließt dann zu kämpfen. Gegen den Befehl des Königs besteigt sie eine Kutsche und rast in Richtung Front, wo es dem König gerade gefällt, wieder die eine oder andere Schlacht zu schlagen.

Auf dem Weg zum Feldherrenhügel überholt sie die Königin, die aus allen Wolken fällt, als sie eine Kutsche mit dem Wappen der de La Vallière an sich vorbeiholpern sieht. Wütend instruiert sie ihren Wagenlenker und gibt damit das Signal zu einem der bizarrsten Wettrennen, die es jemals gegeben hat. Es geht darum, als Erste den König zu erreichen, und während die Speichen ächzen und die Stahlreifen der Räder verbeult werden, schüttelt es die Damen in ihren Kutschen so durcheinander, dass die komplizierten Haarteile, Röcke und Aufbauten in völlige Auflösung geraten. Athénaïs de Montespan sitzt ganz gefasst in der Kutsche der Königin, als hätte sie mit alldem nichts zu schaffen, und findet nebenbei noch Zeit, die weinende Königin mitfühlend zu trösten. »Gott bewahre mich davor, die Mätresse des Königs zu werden«, heuchelt sie – und fügt unverfroren hinzu: »Und wenn doch, dann wäre ich weniger unverschämt gegenüber der Königin.«

Der König ist von dem Chaos aus Eifersucht und zerstörten Frisuren angemessen beeindruckt. Die Siegerin des Tages ist Louise. Gegen die Ursache für die ganze Aufregung, Athénaïs, ist damit am Ende nichts gewonnen. Diese ist sich ihres Triumphes so gewiss, dass sie es leicht erträgt, brav mit niedergeschlagenen Augen neben der Königin auszuharren, während Louise von Ludwig für ihren romantischen Kampf mit einer letzten Liebesnacht belohnt wird. Athénaïs weiß, dass ihre Stunde gekommen ist.

Die schönste Frau Frankreichs

Athénaïs de Montespan, geboren als Françoise de Rouchechouart-Mortemart, stammt aus einer der ältesten und angesehensten französischen Familien. »Sie war eine der drei schönsten Frauen Frankreichs. Die beiden anderen waren ihre Schwestern.« So lautet ein Bonmot von Voltaire. Tatsächlich soll die fünf Jahre jüngere Marie-Madeleine ihre Schwester, die Königsmätresse, an Schönheit noch übertroffen haben. Diese Behauptung lässt sich schwer überprüfen, denn sie beschreitet die Klosterlaufbahn und bringt es zur Äbtissin von Fontevrault, ein Amt, das zuvor nur Frauen aus königlichem Geschlecht bekleidet haben. Mit dieser Frömmigkeit folgt die Äbtissin ihrer Mutter Diane, einer mandeläugigen und blonden Frau, deren Leben sich nur um Wohltätigkeit und Treue dreht. Ihr Mann Gabriel, einstiger Kammerherr des Königs, bildet schon äußerlich mit seinem rundlichen Gesicht, einem sinnlichen Mund und wilden Blick einen Kontrast zu Diane. Ihm gerät Sohn Louis-Victor nach, den seine Aufsehen erregende militärische Karriere Vizekönig von Sizilien werden lässt. Athénaïs bekommt von beiden Eltern ihren Teil. Vom Vater erbt sie den berühmten »Esprit de Mortemart«, eine seltsame Konversationsform aus Scherz, Unbefangenheit und Raffinesse. Darüber hinaus ist nicht mehr viel zu erben. Denn der Vater ist ein so passionierter Liebhaber der Musik, Jagd, kulinarischen Genüsse und Frauen, dass das Vermögen der Familie, allen Ehrenämtern zum Trotz, nur noch in Schuldverschreibungen besteht. 22 Jahre führt er eine »Nebenehe«, die zwar vom Hof, jedoch von seiner Frau Diane irgendwann nicht mehr geduldet wird. Sie trennt sich 1663 von ihm, im gleichen Jahr, in dem Athénaïs gegen die Familienräson durchaus einen gewissen Marquis de Montespan heiraten möchte.

Die Vorgeschichte ist abenteuerlich. Eine zuvor arrangierte Verlobung mit einem Marquis de Noirmoutiers scheitert – wegen eines Todesurteils. Der Marquis hat in einem Ehrenduell seinen Widersacher erschossen, doch diese Praxis ist durch den König bei Todesstrafe verboten, so dass der siegreiche Duellant nach Portugal flieht und seine Verlobte zurücklässt. Ausgerechnet mit dem Bruder des im Duell Getöteten freundet sich Athénaïs an. Die anschließende Heirat ist aus vielerlei Gründen nicht willkommen. Der Ehemann ist ebenso pleite wie die Rouchechouart-Mortemarts. Der Vater von Athénaïs hatte sich eine bessere Partie für seine Tochter erhofft. Zwar stammt der Bräutigam aus einem alten Geschlecht, das angeblich mit dem spanischen Königshaus verwandt ist. Doch mit dem Ruf der noch lebenden Montespans steht es nicht zum Besten. Da gibt es einen modernen Raubritter und Plünderer sowie, schlimmer noch, einen Erzbischof, der als Ketzer verschrien ist und sich am Aufstand der Fronde gegen Ludwig XIV. beteiligt hat. Auf der Heiratsurkunde finden sich keine Unterschriften der Mitglieder der Königsfamilie, was eigentlich selbstverständlich wäre. Im verliebten Tumult der ersten Ehejahre gehen diese gesellschaftlichen Brüskierungen unter. Zwei Kinder bringt Athénaïs zur Welt. Als der Rausch verflogen ist, treten die Differenzen des Paares jedoch rasch zutage. Athénaïs zieht es nach Paris an den Hof des Königs, wo ihr Mann allerdings unerwünscht ist.

Athénaïs tritt im Louvre gemeinsam mit Louise de La Vallière in Ballettstücken auf und gibt dem Hof die Möglichkeit, die Reize der beiden Hofdamen gegeneinander abzuwägen. Der verbitterte Gatte schwankt dagegen zwischen Ruhm- und Spielsucht. Beides ist kostspielig. Um den König zu beeindrucken, beschließt er, Kriegsheld zu werden. Die Vorbereitungen verschlingen Summen, die für ein ganzes Regiment reichen würden. Vor Algier platzt der Traum vom schnellen Ruhm, denn die königlichen Truppen erleiden eine Niederlage. Zurück in Frankreich ist der Schuldenberg des Marquis de Montespan derart gewachsen, dass seine Gläubiger zeitweise sogar seine Festnahme erwirken.

Zur gleichen Zeit geht der Stern der Madame de Montespan in Paris endgültig auf. Sie wird neben dem König zum glanzvollen Mittelpunkt aller Feste. Jeder reißt sich um ihre Gesellschaft, umso mehr, als ihre Affäre mit dem König publik wird, für alle wieder einmal mit Ausnahme der Königin: Bei Tisch wundert sich Maria Theresia gegenüber ihrer Hofdame Athénaïs, dass der König in dieser Nacht lediglich vier Stunden bei ihr geschlafen habe. Ludwig erwidert, er hätte sich um seine Korrespondenzen kümmern müssen. Besorgt, dass ihr Mann über seine Kraft arbeite, fragt sie ihn, ob er sich dafür nicht besser eine andere Zeit suchen solle. Der König muss den Kopf von ihr abwenden, damit sie nicht sein Lachen sieht. Während der ganzen Zeit beugt die Montespan ihr Gesicht so tief wie nur möglich über den Teller, um nicht lauthals loszuprusten.

Anders als Louise de La Vallière, über die gespottet wird, sie sei ein Veilchen, das lieber im Verborgenen geblüht hätte, fühlt sich die Montespan durch die Aufmerksamkeit, die ihre Person genießt, herausgefordert. Sie glüht vor Stolz, steigert ihren Prunk ins Sagenhafte. Sie ist für einen Sonnenkönig die perfekte Mätresse. Wie der König tut sie alles im großen Stil: beim Essen und Trinken, beim Glücksspiel und in der Liebe. Neben ihrer erotischen Ausstrahlung faszinieren Ludwig ihre ironischen Bemerkungen und ihr überschäumendes Temperament. Mit zunehmender Dauer am Hof verflüchtigt sich ihr Anstand und vergröbert sich ihr gefürchteter Witz. Als sie einer Parade beiwohnt, schreien deutsche Soldaten, sobald sie ihre Nähe kommen: »Königshure!« Sie lässt sich den deutschen Ausdruck übersetzen und verzieht keine Miene. Als der König später fragt, ob ihr die Parade gefallen habe, antwortet sie: »Sehr schön, ich finde nur, dass die Deutschen sehr naiv sind, alle Dinge bei ihrem Namen zu nennen.«

Alles wäre wunderbar, hätte die Montespan nur einen anderen Ehemann. Der Marquis ist keineswegs bereit, seine Gemahlin zu teilen, auch nicht mit dem König. Er ist eigensinnig genug, um Athénaïs nach wie vor qualvoll zu lieben, und exzentrisch genug, um weder einen Skandal noch den Zorn des Königs zu fürchten. Es kommt zu dramatischen Auftritten, wobei der Marquis nicht davor zurückscheut, dem König in aller Öffentlichkeit donnernd das Strafgericht Gottes in Aussicht zu stellen, falls man ihm seine Frau nicht zurückgebe. Er ist so außer sich, dass sich die Montespan zeitweise im Palais einer Hofdame versteckt. Aber auch dort findet sie der Marquis, ohrfeigt sie, wirft einen Tisch nach der Hausherrin, die daraufhin in Ohnmacht fällt, und schickt sich an, seine Frau zu vergewaltigen, wovon ihn nur eine entschlossene Dienerschar zurückhalten kann. Der König lässt den Marquis verhaften und anschließend aus Paris verbannen, was sich als ebenso wirkungslos herausstellt wie spätere Versuche, ihn mit Geld oder Ämtern zu beruhigen. Der Marquis lässt keine Gelegenheit aus, um bildlich auszudrücken, dass er ein Gehörnter ist: Das Tor seines Schlosses wird auf seinen Befehl hin vergrößert, weil seine Hörner zu groß wären, als dass er hindurchkäme. In aller Öffentlichkeit trägt er ein Geweih am Hut, und ein Geweih schmückt auch als neues Wappen seine Kutsche. Auf seinem Landsitz darf nur Trauerkleidung getragen werden, und er ordnet Totenmessen für seine Gattin an, weil diese ihre Seele verloren habe. So närrisch all dies wirkt, so effektvoll ist es doch. Der immerwährende Skandal beschädigt das Ansehen des Königs und vergällt ihm die Freude an seiner Liaison. Ein noch ernsteres Problem entsteht, wenn Madame de Montespan durch den König schwanger wird. Der Marquis kann dann nach damaligem Recht als Ehemann Anspruch auf diese Kinder geltend machen. Nicht auszudenken, was alles geschehen könnte, würde der unberechenbare Marquis Zugriff auf diese Königskinder erhalten.

All dies macht es Ludwig XIV. unmöglich, Athénaïs in den Rang der offiziellen Favoritin, der *maîtresse déclarée*, zu erheben. Das hat weitreichende Folgen. Louise de La Vallière wird gezwungen, ihre Rolle als Mätresse nach außen weiterzuspielen, obwohl der König keinen sexuellen Kontakt mehr mit ihr hat. Dieser hat von nun an einen noch längeren Weg vor sich, wenn ihn die Leidenschaft zu Athénaïs überkommt. Zunächst kommt er als gewissenhafter Gatte seinen Pflichten gegenüber der Königin nach. Nachdem er die Königin beglückt hat, macht er seine gute Tat gleich wieder zunichte, indem er anschließend die arme La Vallière ins

Unglück stürzt. Denn zwischen den Gemächern des Königs und der Montespan befindet sich das Appartement von Louise, seiner *maîtresse déclarée*. Er grüßt die La Vallière meist nur flüchtig, zieht sich neben ihrem Bett die Schuhe aus und verbringt allenfalls noch etwas Zeit mit Schminken. Dann betritt er das Nebenzimmer, um in den Armen von Athénaïs herauszufinden, dass es sehr lohnend ist, König von Frankreich zu sein. Athénaïs und Louise leben auf diese Weise wie in einem Harem. Sie kleiden sich gemeinsam an, frisieren sich, essen zusammen. Doch diese Einigkeit ist nur eine schlecht gespielte Komödie. Es fällt Louise schwer, das alles zu ertragen: die Abfuhren des Geliebten, die Hochnäsigkeit der siegreichen Konkurrentin, die entwürdigenden Blicke des Hofes. Immer wieder fleht sie den König an, ihr den Abschied zu bewilligen. Wenn die Demütigungen unerträglich werden, flieht sie in ein Kloster, von wo sie durch die vereinten Überredungskünste des Königs und seiner Minister wieder zurückgeholt wird.

Für Madame de Montespan stellen ihre Schwangerschaften eine schwere Probe dar, denn der Marquis darf unter keinen Umständen davon erfahren. Der in so einem Fall übliche Weg, »krank« zu werden und eine Zeit lang dem Hof fernzubleiben, ist für sie nicht gangbar. Eine längere Abwesenheit würde nicht ungenutzt verstreichen, und Athénaïs weiß aus eigener Erfahrung nur zu gut, dass sich der König gegenüber den Angriffen schöner Frauen nur halbherzig erwehrt. Der Ausweg, den sie findet, ist ebenso genial wie verblüffend einfach – die Montespan erfindet einfach eine neue Mode. Selbstbewusst und auftrumpfend taucht sie eines Tages mit einem leichten weit geschnittenen Baumwollkleid auf, das auf skandalöse Weise den höfischen Gewohnheiten zuwiderläuft. Zunächst erntet sie pikierte Blicke, doch Athénaïs beherrscht virtuos das Spiel um die Gunst des Hofes. Nur wenige Tage vergehen, und einige mit ihr befreundete Hofdamen tragen die neue Mode; als die erste Prinzessin darunter ist, hat die Montespan gesiegt. Dieses schlichte Umstandskleid wird als *déshabillée*, *robe innocente* oder *robe de chambre* eine dauerhafte Berühmtheit erlangen.

Die auf die Geburt ihres ersten Königskindes folgenden Stunden, Tage und Wochen gestalten sich dramatisch. Eine Frau, ganz in Schwarz gekleidet, das Gesicht hinter einer Maske verborgen, erscheint in einem unscheinbaren Zimmer in der Rue de l'Echelle, wo Madame de Montespan soeben Mutter eines Mädchens geworden ist. Die Maskierte verbirgt den Säugling unter einem Schal und dämpft damit, so gut es geht, sein Schreien. Ihr Name ist Françoise d'Aubigné, verwitwete Scarron. Als »Madame de Maintenon« wird sie später berühmt werden. Eine Kutsche bringt sie an einen verschwiegenen Ort jenseits des Stadtrandes von Paris. Dort wachsen in höchster Diskretion die außerehelichen Kinder des Königs auf – sieben wird ihm Athénaïs zur Welt bringen. Um das Geheimnis der Kinder zu wahren, greift die Witwe Scarron zu extremen Maßnahmen: Sie lässt keine Handwerker in die Wohnung ein und besorgt, sehr ungewöhnlich für eine adlige Dame, die Tapezierarbeiten lieber selbst. Die Kinder wachsen in verschiedenen Häusern auf, so dass die Scarron in Verkleidung mit Wäsche und Essen unter dem Arm unentwegt durch die Straßen läuft. Hilfe von den Ammen darf sie nicht erwarten, denn die tun keinen Handgriff aus Angst, zu ermüden und ihre Milch zu verschlechtern. Um die Tarnung perfekt zu machen, ist Françoise gezwungen, ihre gewohnte Gesellschaft aufzusuchen, ohne ihre Erschöpfung zu zeigen. Sie wendet eine seltsame Prozedur an, um zu verhindern, dass man ihr Geheimnis am Gesicht ablesen könnte. Indem sie sich mit einer Nadel eine Ader aufsticht und Blut abnimmt, glaubt sie sich sicher, dass ihr kein Blut ins Gesicht steigen kann und sie zum Erröten bringt.

Diskretion und Verschwiegenheit sind sehr seltene, geradezu exotische Eigenschaften innerhalb des von Klatsch geprägten Alltags der Adligen am Hof von Ludwig XIV. Um einen solchen Glücksfall für sich in Anspruch nehmen zu können, muss Madame de Montespan Kompromisse eingehen. Während sie sich anstrengt, alle weibliche Schönheit am Hof möglichst in die fernste Provinz zu verheiraten, ist nicht zu leugnen, dass die schwarze Witwe Scarron sehr appetitlich anzuschauen ist. Dennoch ist die Montespan auf mehrere Weise gut dagegen abgesichert, dass die Kinderfrau den König allzu sehr faszinieren könnte: Sie ist drei Jahre älter als Ludwig und mit ihren 34 Jahren jenseits des mätressentauglichen Alters. Die Scarron ist zudem so fanatisch religiös, dass sie die Entscheidung, ob sie wirklich diese in Sünde gezeugten Kinder aufziehen soll, ihrem Beichtvater überlässt. Der erkennt weltmännisch, dass die Scarron, adelig und gebildet genug, um Prinzen angemessen zu erziehen, andererseits so mittellos ist, dass sie das peinliche Amt zum schlichten Überleben braucht. Er hilft ihr mit jesuitischer Spitzfindigkeit über die Gewissensbisse hinweg: Der König selbst solle sie darum bitten, die Aufgabe zu übernehmen, dann dürfe sie sich als Untertanin nicht widersetzen … Und so geschieht es.

Es ist bei weitem nicht die erste seltsame Wendung im Leben der Françoise d'Aubigné. Aus niederem hugenottischem Adel stammend, kommt sie 1635 in einem Gefängnis zur Welt. Dort sitzt ihr Vater, ein Abenteurer und Betrüger, wegen seiner Schulden ein. Er ist zudem ein Mörder, der seine erste Frau und ihren Liebhaber umgebracht hat, doch das ist damals kein ernsthafter Rechtsbruch. Seine zweite Frau, die Mutter von Françoise, hat ihn, damals nicht unüblich, in die Haft begleitet. Die Familie ist bitterarm, wandert nach Martinique aus, um eine Plantage zu gründen – doch dort lässt der Vater seine Frau und die drei Kinder im Stich. Zurück in Frankreich sieht sich auch Françoises' Mutter außerstande, für die Kinder zu sorgen. Françoise kommt in eine Pflegefamilie und wandelt sich dort von der frommen Protestantin in eine überzeugte Katholikin. Das hält sie nicht davon ab, den damals umstrittensten satirischen Dichter Frankreichs, Paul Scarron, zu heiraten. Scarron ist ein an den Rollstuhl gefesselter Krüppel. Als er 1660 stirbt, lässt er sie ohne jedes Vermögen, jedoch mit etlichen Beziehungen in die Pariser Gesellschaft zurück. Sie wird eine enge Freundin von Ninon de Lenclos, der berühmtesten Kurtisane ihrer Zeit, die einen legendären Salon in Paris führt. Die Briefe der Ninon legen nahe, dass Françoise zeitweise wegen ihrer Armut gezwungen war, sich von Männern aushalten zu lassen: »Was die Einzelheiten betrifft, so weiß ich nichts, ich habe nichts gesehen, aber ich habe oft mein gelbes Zimmer zur Verfügung gestellt.«

Bei ihren eingehenden Erkundigungen über die künftige Kinderfrau dürfte Athénaïs all das in Erfahrung gebracht haben. Ein weiteres Detail aus dem bewegten Leben der Scarron mag sie beruhigt haben: Demnach hat sich Françoise mit der Ninon längere Zeit ein Bett geteilt. Vielleicht ist sie also nur eine Frauenliebhaberin, die sich nichts aus Männern macht. So oder so stellt das kompetente Urteil der Ninon eine Art Versicherung dar: »Ich habe sie zu der Zeit viel zu ungeschickt für die Liebe gefunden.«

Juwelen und Krieg

Immer dann, wenn der ruhmreiche König wieder einmal in den Krieg zieht, erreicht das absurde Hoftheater einen neuen Höhepunkt. Der abergläubische König benötigt seine Frauen als Glücksbringer um sich, wenn es gilt, die Grenzen Frankreichs auszudehnen und den Hass des restlichen Europas auf sich zu ziehen. Dann hasten in ein und derselben Kutsche die Königin, die Montespan und die todunglückliche »offizielle Mätresse« Louise de La Vallière dem Pulverdampf hinterher. Verwirrte Bauern quittieren das mit dem gar nicht ironisch gemeinten Ruf: »Unser König hat drei Königinnen«. Als die »Herrschaft der drei Königinnen« ist dieser Zeitabschnitt denn auch berühmt geworden. Sieben quälende Jahre zieht sich diese Farce hin. Erst 1673 wagt es Ludwig, die Kinder der Montespan zu legitimieren. Im Jahr darauf willigt der zermürbte Marquis in die Scheidung ein.

Endlich darf die La Vallière ins Kloster; sie wählt das strengste, das es gibt. »Die Montespan hatte schöne blonde Haare, schöne Hände, schöne Arme, was die La Vallière nicht hatte, aber diese war sehr reinlich und die Montespan eine unsaubere Person. Sie hatte eine weißere Haut als die La Vallière, sie hatte einen schönen Mund und schöne Zähne, aber sie hatte ein dreistes Wesen. Man sah ihr am Gesicht an, dass sie stets irgendeinen Plan hatte.« So räsoniert Liselotte von der Pfalz, seit 1671 Schwägerin des Königs, über die beiden Mätressen. Dass Schönheit nicht ausreicht, um am Hof zu bestehen, ist der Montespan bewusst: Ein außergewöhnliches Talent zum Intrigieren gehört ebenso dazu.

Es ist fraglich, ob für Ludwig XIV. die öffentliche Anerkennung seiner Liaison mit Athénaïs wirklich vorteilhaft ist. Eben erst hat der König geheime Memoiren verfasst, die dem Thronfolger als eine Art Handlungsanleitung dienen sollen. »Das Herz eines Fürsten ist Angriffen ausgesetzt wie eine Festung. Eine geschickte Frau versucht die einen zu verdächtigen, die anderen missliebig zu machen, damit sie allein und ihre Freunde geneigtes Gehör finden. Wenn Wir Uns nicht gegen ein solches Vorgehen hüten, so wird man schließlich das Missfallen der ganzen Welt erregen, nur um einer einzigen Frau zu gefallen. Wir müssen Herren unserer selbst bleiben, wenn Wir Unser Herz verlieren.« Das ist klug und aus eigener Erfahrung gesprochen, nur nützt diese Einsicht nicht einmal dem allmächtigen Sonnenkönig. Denn genau das, wovor er seine Erben warnt, widerfährt ihm selbst. Ludwig ist vor der Anmaßung und dem Hochmut seiner Mätresse nicht länger sicher, die aus ihrem Verhältnis den größtmöglichen Vorteil herausschlägt.

Am 9. Juni 1674 schreibt Ludwig XIV. mitten aus einem Krieg in Burgund, wohin ihn die Montespan begleitet, einen bezeichnenden Brief an seinen Finanzminister Colbert. Die ersten zwei Seiten sind knapp gehaltene Anweisungen, die Geld für die Truppen und die Brotbeschaffung zum Thema haben. Dann werden die Ausführungen des Königs ausführlicher: Weil Madame de Montepan »sehr halsstarrig« sein könne, wenn es um Geschenke geht, folgt eine vierseitige Beschreibung eines Schmuckes, den der Minister für

Marly-le-roi, 1679–1686 unter Ludwig XIV. errichtet von J. Hardouin-Mansart; Garten 1677–1684 von A. Lenôtre; 1789 zerstört.

Athénaïs anfertigen lassen soll. Die Beschaffenheit der Perlen und Diamanten, die Machart der Schatulle, der Kettchen und Ringe wird präzise vorgegeben, woran sich immer wieder die rührende Formel anschließt, »von denen ich will, dass sie besonders schön sein sollen«. Eine Vorgabe über die Kosten gibt es dagegen nicht: »Seien Sie nicht sparsam; ich habe meine Freude daran.« Was der Minister für den Krieg ausgeben darf, ist dagegen strikt limitiert: 40 000 Livre. Damit ist die Wertigkeit von Krieg und Juwelen genau umrissen. Vor einer Woche erst ist der König bei einer Belagerung in feindliches Feuer geraten und wäre vor den Augen der Montespan fast getötet worden. Augenblicke später scheint auch das nur Teil einer höfischen Inszenierung zu sein.

Weil Schmuck für eine Frau des Formats einer Montespan nicht genug ist, beginnen noch am gleichen Tag die

Planungen für ein wahrhaft königliches Geschenk. In Clagny soll die Montespan ein eigenes Schloss erhalten. Die Bauarbeiten für die märchenhaft luxuriöse Residenz ziehen sich über zehn Jahre hin und verschlingen die unvorstellbare Summe von über zwei Millionen Livre.

Die Schlösser Ludwigs XIV.

Versailles, das wohl berühmteste Schloss der Welt, von Ludwig XIV. als sein Lebenswerk angesehen, hat in seiner heutigen Gestalt mit dem Sonnenkönig und seinen Frauen nur bedingt zu schaffen. Schloss und Park wurden von Ludwigs Nachfolgern massiv umgestaltet. Die seinerzeit berühmte Tethys-Grotte, als Ort erotischer Zusammenkünfte des Königs mit Madame de Montespan erbaut, existiert nicht mehr. Immerhin sind in den Apollo-Bädern Skulpturengruppen zu bewundern, die ursprünglich zur Ausstattung der Grotte gehörten. Im Schloss selbst ist das originale Prunkschlafzimmer, Ort des zeremoniellen Aufstehens und Zu-Bett-Gehens, im Rahmen einer lohnenswerten Extratour zu besichtigen.

Die leidenschaftlichen Affären Ludwigs XIV. haben sich meist nicht in Versailles abgespielt, das erst in der zweiten Hälfte seiner Regentschaft bezugsfertig wurde. Die Pariser Residenzen, das Palais Royal und der Louvre, bewahren kaum noch authentische Spuren aus der Zeit des Sonnenkönigs. Fontainebleau und

St. Germain-en-Laye entstanden dagegen vor der Zeit Ludwigs XIV., wurden von ihm zwar benutzt, jedoch nie geliebt.

Drei Orte geben heute den prägnantesten Eindruck der Welt des Sonnenkönigs, nicht zuletzt deshalb, weil sie erstaunlicherweise kaum Besucher anziehen und daher fernab der Touristenströme zu genießen sind. Vaux-le-Vicomte, das Vorbild für Versailles, ist von diesem nur durch Größe, nicht durch Geschmack übertroffen worden. Das Schloss wirkt, als sei das legendäre Fest seines Besitzers Fouquet, das mit seiner lebenslangen Kerkerhaft endete, erst einen Tag vorüber. Im Park herrscht gespenstische Stille; die Deckenmalerei im großen Saal des Schlosses ist unvollendet. Ein auf andere Art verzauberter Ort ist Marly-le-roi, wohin sich Ludwig XIV. mit seinen engsten Freunden – und seinen Geliebten – am Ende seines Lebens zurückzog. Hierher floh er vor den steifen Hofritualen, die er durchgesetzt hatte und die ihm nun selbst unerträglich wurden. Marly atmet heute die Melancholie der Vernichtung, denn das Schloss wurde nach der Französischen Revolution zerstört, einige einsame Mauern und Skulpturen beherrschen die einstmals riesige Anlage. An Madame de Montespan erinnert nur wenig: Ihr Schloss in Clagny ist zerstört, ihr Grab in Poitiers nicht sehr beeindruckend. Das Schloss Maintenon, das ihrer siegreichen Konkurrentin, Madame de Maintenon, den Namen lieh, existiert dagegen noch im originalen Zustand.

Doch die wichtigste Währung am Hof sind Einfluss und Macht. Die Montespan nimmt Bittschriften entgegen und leitet sie an den König weiter – falls ihr die angebotenen Gefälligkeiten attraktiv genug scheinen. Sie versorgt ihre Familie mit hohen Ämtern und Würden, was für böses Blut sorgt, denn diese Posten müssen zuvor anderen Höflingen abgenommen werden. Dabei schreckt sie auch nicht davor zurück, die regelrechte Enteignung hochrangiger Geschlechter zu betreiben. In einem Fall ist sogar eine Prinzessin, die »Grande Mademoiselle« genannte Cousine des Königs, das Opfer.

Bei derartigen Aktionen gelingt es ihr mit großer Dreistigkeit, selbst Ludwig zu überrumpeln. Der hat gerade gemeinsam mit seinem Kriegsminister Louvois eine Liste mit Namen aufgestellt, die für frei gewordene Posten in Frage kommen. Die Montespan erfährt davon, durchstöbert seine Taschen nach der Liste und bekommt einen veritablen Wutanfall, weil sie ihren Bruder darauf vermisst. In solchen Situationen ist der sonst so souveräne König hilflos; er errötet wie ein ertappter Schuljunge und verteidigt sich wie eben ein solcher, indem er alle Schuld auf den Minister Louvois abwälzt. Am Ende erreicht die Montespan, dass ihr Bruder zum Marschall ernannt wird, was die boshaften Zungen am Hof so kommentieren: »Andere bekommen den Marschallstab durch das Schwert – er bekam ihn durch die Scheide.«

Hinter der Fassade höfischen Glanzes tritt eine erschreckende Rohheit der Gefühle zutage. Vor den Augen der Montespan werden zwei Tagelöhner überfahren, sie sorgt sich nur um den Zustand der Kutsche, die beiden Toten sind ihr gleichgültig. Die Finanzierung von Prunk und Pracht lastet ausschließlich auf dem dritten Stand, denn Adel und Kirche sind von der Steuerlast befreit. Die Schwächsten haben die größte Last zu tragen: Das Barock ist eine Narrenwelt, die alles auf den Kopf stellt.

Trotz mörderischer Arbeit haben ausgerechnet die Bauern in dieser Zeit eine höhere Lebenserwartung als der Adel. Das liegt nicht etwa an der gesunden Landluft, sondern am fehlenden Zugang zu ärztlicher Versorgung. Die Fürsorge damaliger Ärzte ist kein Vorteil, sondern ein tödliches Risiko; die medizinische Wissenschaft steht auf einem historischen Tiefpunkt. Traditionelle Heilverfahren der Antike und des Mittelalters sind in Vergessenheit geraten, moderne Behandlungsmethoden sind noch nicht entwickelt. Wasser steht für Fäulnis und Krankheitsherde, die Hofärzte erlauben Bäder deshalb nur aus dringenden medizinischen Gründen. »Wenn Sie denken sollten, die jungen Hofdamen der Königin seien toll, so haben Sie Recht«, schreibt Madame de Sévigné vielsagend. Ein tollwütiges Schoßhündchen hat vier von ihnen gebissen, bevor es gestorben ist. Zur Therapie werden die Damen an die Atlantikküste gebracht – und dreimal ins Meer getaucht.

Die Kirche hat die freizügige Badekultur des Mittelalters als unmoralisch zurückgedrängt. Wofür wir heute Wasser benutzen, dafür steht damals das Pudern. Jeden Morgen wird das Gesicht des Königs mit Spiritus gereinigt – das ist Körperpflege genug. Solange Ludwig XIV. sein prachtvolles Haar trägt, sind Perücken aus der Mode; als der Haarausfall einsetzt, werden sie zum unverzichtbaren Accessoire. Hier vor allem nistet sich Ungeziefer ein. Man lindert das Jucken durch Kratzen – die teuren Kleider zu wechseln wäre zu kostspielig. Die Damen bei Hofe haben den Vorteil einen Muff als Flohpelzchen in der Hoffnung tragen zu dürfen, die ungebetenen Gäste möchten sich dort versammeln.

Moschusversetzte Essenzen sollen gegen Mundgeruch helfen. Limonaden, Zucker, Gebäck, Tabak – alles wird parfümiert. Parfüm ist das einzige Mittel, um mit den eigenen Gerüchen und denen der Mitmenschen auszukommen. Folgerichtig gilt starker Körpergeruch als Ausdruck sexueller Potenz. Ungesunde Lebensweise und einseitige Ernährung führen dazu, dass die Spitzen der Hofgesellschaft in Wirklichkeit schon mit 30 oder 40 Jahren alt und verbraucht sind. Verkrüpplungen und Verwachsungen sind nicht die Ausnahme, sondern die Regel. Selbst blond ist nicht blond: Die regelmäßig so beschriebene Madame de Montespan hatte in Wirklichkeit kastanienbraunes Haar. Als Schönheiten gepriesene Hofdamen besitzen schon in jungen Jahren kaum noch Zähne, wobei es ihnen noch besser ergeht als Ludwig XIV., der seine opulenten Mahlzeiten hinunterschlingt und -würgt – nur nicht kaut.

Françoise d'Aubigné, verwitwete Scarron, bildet zu dieser Welt einen auffälligen Kontrast. 1675 wird sie nach den langen Jahren des Versteckspiels erstmals dem Hof als die Erzieherin der illegitimen Königskinder präsentiert. Da ist sie 40 Jahre alt und hat nach damaliger Vorstellung den Zenit längst überschritten. Doch sie wirkt sehr jung, sehr attraktiv und sehr bizarr, denn nach wie vor trägt sie inmitten der schreienden Buntheit des Hofes nur Schwarz.

Während die zahlreichen zur Thronfolge berechtigten Kinder des Königs mit seiner Gattin Maria Theresia bis auf einen früh sterben, überleben immerhin vier seiner »Bastarde« mit der Montespan die Jugendjahre. In einer Zeit, in der bei Pockenverdacht Abführmittel und reichliches Blutabzapfen empfohlen werden, was bei kleinen Kindern einem Todesurteil gleichkommt, bewirkt die kluge Pflege der Scarron wahre Wunder. Ihre frühkindlichen Erziehungsmethoden legt sie später sogar in Schriften dar, die noch lange als richtungweisend gelten. Der König honoriert ihre Bemühungen so großzügig, dass sie das Schloss Maintenon bei Paris kaufen kann. Von Ludwig in den Rang einer Marquise erhoben, verwendet sie von nun an den Namen Madame de Maintenon, unter dem sie bis heute bekannt ist.

Für die Kinder der Montespan stellen Ludwig und die Maintenon das eigentliche Elternpaar dar, die Gouvernante wird von ihnen als die wirkliche Mutter geliebt. Eben dieser Erfolg, den die Maintenon mit den ihr anvertrauten Kindern hat, legt den Keim zum ersten ernsthaften Konflikt mit der Montespan. Aus Eifersucht auf die Gouvernante tut die Montespan unfehlbar immer das, was die Maintenon zu vermeiden sucht. Der kleine Duc du Maine hat eine Diät zu befolgen – die Montespan stopft ihn mit Süßigkeiten voll und pocht dabei auf ihr Recht als leibliche Mutter. Wenn die Demoiselle de Nantes sich am Abend gegen das Zu-Bett-Gehen sträubt, fällt die Montespan der Erzieherin in den Rücken. Da diese selbst keine Kinder habe, könne sie gar nicht wissen, was ihnen gut tue und was nicht. Die Launen der Montespan stürzen die Maintenon in ein Wechselbad. Das eine Mal wird sie als Vertraute und Ratgeberin behandelt, dann wieder wie eine subalterne Dienerin. Wutanfälle und gefühlvolle Versöhnungen wechseln einander ab. Gegenüber ihrem Beichtvater klagt die Maintenon: »Ich verstehe nicht, warum Gott will, dass ich so sehr unter Madame de Montespan leide. Zur Freundschaft ist sie unfähig, aber ich kann darauf nicht verzichten. Sie führt mich beim König vor, wie es ihr gefällt, und bewirkt, dass ich meine Achtung verliere. Ich wage es nicht, direkt mit ihm zu sprechen, weil sie mir das niemals verzeihen würde.« Die Maintenon wehrt sich gegen den Hochmut durch eine geschickte Mischung aus Unterwürfigkeit und Subversion. Da fällt ihr schon einmal eine Porzellandose mit einer kostbaren Salbe auf den Boden, und von der tobenden Montespan zur Rede gestellt, das habe sie absichtlich getan, erwidert sie sanft: »Sehen Sie, ich eigne mich nicht zur Zofe. Ich bin zu ungeschickt dazu.«

Die Montespan und die Maintenon sind durch eine Hassliebe aneinander gekettet. Sie ertragen es nicht, zusammen zu sein, können sich aber auch nicht trennen. Ironischerweise schickt der König schließlich seinen für den Krieg zuständigen Minister vor, um die beiden zu versöhnen. Weil das nichts hilft, bemüht er sich am Ende selbst, was er mit dem Bonmot kommentiert haben soll: »Es ist mir viel leichter, ganz Europa den Frieden zu geben als zwei Frauen.« Beides ist ihm nicht gelungen.

Triumph der schwarzen Witwe

Mätresse zu sein bedeutet, immer auf der Hut sein – vor jedermann. Doch aller Wachsamkeit zum Trotz können die Attacken auf eine so überraschende Weise erfolgen, dass sie schwer zu parieren sind. Dies bekommt die Montespan im April 1675 schmerzlich zu spüren. Ihr Beichtvater verweigert ihr mit dramatischen Worten die Absolution: Als Ehebrecherin lebe sie in einem Zustand der Todsünde, von dem er sie nicht freisprechen könne. Die Montespan tobt und beschwert sich beim König. Der König tobt und beschwert sich beim Bischof: Dann müsse man ihm ja auch die Sündenvergebung verweigern! Die kühne Antwort, »Ja, das sei unvermeidlich«, macht den Skandal perfekt. Hinter dieser Konfrontation stehen die sittenstrengen »Devoten«, vor allem die Hofkleriker und die mit ihnen verbündete Königin. Angeblich konspiriert auch Madame de Maintenon mit dieser Gruppe; zumindest macht sie dem König immer wieder Vorhaltungen wegen seines unchristlichen Lebenswandels.

Der Zeitpunkt für den Angriff ist geschickt gewählt. Ostern steht kurz bevor, ein für die französischen Könige seit Jahrhunderten besonders wichtiges Fest. Eine alte Überlieferung spricht ihnen die von Gott verliehe Gabe zu, Kranke durch das Auflegen der Hand zu heilen. Jedes Jahr zu Ostern strömen die an Skrofulose, einer damals weit verbreiteten Erkrankung der Lymphknoten Leidenden aus allen Teilen des Landes nach Paris, um von ihren Qualen erlöst zu werden. Weil der König das ersehnte Wunder ohne den Segen der Kirche nicht vollbringen kann, sind die Absolution und Kommunion vor Ostern ein unabdingbares Erfordernis. Die kirchliche Fraktion hat die verwundbare Stelle des Königs gefunden, und da die Beichtväter hart bleiben, muss Ludwig XIV. kapitulieren. Die Montespan wird vom Hof entfernt; sie zieht sich nach Clagny zurück. Der Jubel über ihren Fall ist allgemein. Selbst wem sie Gunstbeweise geschenkt hatte, bemüht sich jetzt, Schlechtes über sie zu sagen. Madame de Maintenon besticht eine Kammerzofe der Montespan, um auf dem Laufenden zu sein: »Die Kleine hat mir erzählt, ihre Herrin erleide unbeschreibliche Wutanfälle. Seit zwei Tagen habe sie keinen Menschen gesehen. Sie schreibe von morgens bis abends, und beim Schlafengehen zerreiße sie alles wieder. Ihr Zustand dauert mich.« Ohne Bedauern, dafür mit Schadenfreude registriert der Hof häufige Besuche der Königin bei der gestürzten Mätresse, die auf Seelenrettung hoffend die verzweifelte Sünderin mit Bibellektionen traktiert.

Fast ein ganzes Jahr widersteht Ludwig XIV. den Versuchungen des Fleisches und kehrt in den Schoß der Ehe zurück. Doch am Ende siegt seine Leidenschaft. Mit der Rechtfertigung, dass es den Untertanen nur dann gut gehe, wenn es dem König gut geht, nimmt er die Beziehung zur vom Hof verbannten Montespan wieder auf. Mit den empörten Hofpredigern wird ein Kompromiss ausgehandelt. Der König erhält die österliche Absolution, wenn die Mätresse sich wenigstens an den kirchlichen Feiertagen vom Hof zurückzieht. So ist die Montespan zwar die strahlende Siegerin, doch der Triumph ist teuer erkauft. Durch die nunmehr erzwungene häufige Abwesenheit vom Hof steigen die Chancen anderer Damen, die Aufmerksamkeit des Königs auf sich zu ziehen.

Gegen diese Bedrohung kämpft die Montespan mit allen Mitteln an. Es gelingt ihr manchmal, mit einer fein gesponnenen, beiläufigen Bemerkung das Ansehen ihrer Gegnerin zu ruinieren. Wenn das nicht hilft, dichtet sie den Konkurrentinnen Krätze oder Lepra an, was eine besonders wirkungsvolle Verleumdung ist, da der König Kranke in seiner Umgebung panisch meidet. Sie stören wohl seine Göttlichkeitsphantasien und erinnern ihn an die eigene Sterblichkeit.

Ebenso wenig wie die Montespan den guten Ruf anderer Damen schont, schont sie ihren eigenen Körper. Um die sichtbar werdenden Anzeichen des Alterns zu übertünchen, steht sie bereits fünf Uhr morgens auf, damit der König sie begehrenswert findet, wenn er um acht Uhr erwacht. Angesichts der langen Nächte am Spieltisch oder im Bett des Königs ist da für Schlaf kaum noch Zeit. Stundenlang lässt sie sich massieren, schminken, parfümieren. Dennoch kann sie nicht immer verhindern, dass der König jüngeren Schönheiten gelegentlich erliegt. Sie tröstet sich mit dem Satz: »Solange er sich dieser Damen wie Postpferde bedient, die man nur einmal besteigt und dann nie wieder sieht, ist es mir gleich.« Als Ludwig die Montespan zur »Oberintendantin des Hofstaats der Königin« ernennt, ist sie versöhnt. Denn ein höheres Amt kann der König an eine Hofdame nicht vergeben.

Die Mätressen und die Politik

Der Konflikt zwischen den Mätressen Ludwigs XIV. hat seine besondere Brisanz darin, dass er sich in der großen Politik wieder findet. Jeder Minister des Königs ist darum bemüht, die jeweilige Mätresse an sich zu binden und für seine Zwecke zu nutzen. Die Zeit Ludwigs XIV. ist stark geprägt von dem Konflikt zwischen Finanzminister Colbert und Kriegsminister Louvois. Der eine kämpft mit Wirtschafts- und Steuerreformen um einen ausgeglichenen Haushalt und die Entlastung der Staatskasse. Der andere steht für eine aggressive Außenpolitik, für die Ausdehnung der französischen Grenzen mit militärischen Mitteln. Bei dieser Auseinandersetzung stehen die Mätressen an vorderster Front. Colbert bindet sich zunächst an die La Vallière, während Louvois ein Bündnis mit der Montespan zustande bekommt.

1679 kommt es zu einem dramatischen Wechsel der Bündnisse. Die Montespan versöhnt sich plötzlich mit Colbert und überwirft sich mit dem Kriegsminister Louvois, der nun im Gegenzug auf den aufsteigenden Stern am Hof, die Demoiselle de Fontanges, setzt. Beide Parteien bekräftigen ihre neuen Interessen, indem sie ihre Familien untereinander verheiraten. Louvois hat mit der Fontanges auf eine Eintagsfliege gesetzt und scheint so der klare Verlierer zu sein. Doch dann kommt es zur Giftaffäre, und Louvois gelingt es, seine Gegner, darunter die Montespan, zu verdächtigen und gesellschaftlich zu diskreditieren. Als Siegerin aus all diesen Streitereien geht am Ende Madame de Maintenon hervor, die lange als zu unbedeutend gilt, um sich mit ihr zu verbünden.

1679 weisen untrügliche Anzeichen darauf hin, dass Demoiselle de Fontanges mehr ist als eines dieser Postpferde: Obwohl ihr Adelsrang nicht der Rede wert ist, stehen die Prinzen und Prinzessinnen auf, wenn sie den Raum betritt. Der Ruhm steigt dem Provinzmädchen derart zu Kopf, dass sie nicht einmal mehr die Königin grüßt. Doch in ihrem Fall muss die Montespan keine Krankheiten erfinden. Die Fontanges wird vom König schwanger, erleidet eine Fehlgeburt – und führt danach das schattenhafte Dasein eines von Anämie gezeichneten Engels. Sie wird noch Herzogin, doch das schmeckt bereits nach einem Abschiedsgeschenk. Bis zu ihrem frühen Tod 1681 wird sie nie wieder wirklich gesund,

und weil dies der Montespan sehr zugute kommt, kommt am Hof das Gerücht von einem schleichenden Gift auf, das der Fontanges angeblich verabreicht worden wäre.

Den Hintergrund bildet dabei die Affäre um einen Giftmischerring, die Frankreich in Atem hält. In Paris, der Geburtsstätte der Moderne, ist in jenen Jahren eine regelrechte Industrie des Verbrechens herangereift. Da gibt es zum Beispiel eine Madame Voisin, die mit Schönheitsmitteln handelt. Besonders treue Kunden beliefert sie darüber hinaus mit Liebestränken, Mitteln für Schwangerschaftsabbrüche und, wenn gewünscht, mit dem so genannten »Erbschaftspulver«: Arsen. Einige spektakuläre Todesfälle führen zur Einsetzung der ersten Sonderkommission der Kriminalgeschichte. Diese *chambre ardente* fahndet schließlich nicht nur nach Vergiftungsfällen, sondern auch nach Aberglauben und etlichen sonstigen Lastern. Die ganze Adelswelt zittert, denn selbst Prinzessinnen und Marschälle sind unter den Angeklagten. Nach 319 Verhaftungen und 104 Gerichtsverhandlungen werden 36 Todesurteile gefällt. Die Giftmischerinnen selbst werden dabei zu schnell hingerichtet, um bestimmte beunruhigende Sachverhalte genauer aufklären zu können, die auch Madame de Montespan betreffen. Als ihr Name bei den Verhören fällt, schaltet sich Ludwig XIV. persönlich in die Untersuchungen ein. Die Montespan scheint seit etlichen Jahren Stammkundin bei Madame Voisin gewesen zu sein. Sie soll Zaubertränke gekauft und schwarze Messen veranstaltet haben, um sich die Liebe des Königs zu sichern. Als diese Beschuldigungen durchsickern, ist sich der Hof nun auch sicher, dass die Montespan ihre Nebenbuhlerin kaltblütig umgebracht hat. Obwohl aus heutiger Sicht gegen letztere Anklage fast alles spricht, so müssen die Recherchen der *chambre ardente* doch derart Unangenehmes zutage befördert haben, dass der König schließlich die Vernichtung der Akten anordnet. Ludwig sorgt dafür, dass alle Ermittlungen gegen die Montespan sofort eingestellt werden, denn andernfalls müsste er eingestehen, sich in den Fängen einer Zauberin befunden zu haben.

Eines Tages wendet sich der König mit dem Satz von der Montespan ab: »Wollen Sie mir verzeihen, Madame, aber ich kann Euer Parfüm nicht vertragen. Ich bekomme Kopfschmerzen davon!« Sie wird bleich und kann sich nur mit Mühe aufrecht halten. Der Italiener Primi Visconti notiert süffisant: »Der König ist Madame de Montespan müde. Sie hat eine Macht über ihn gewonnen, die zu einer Art Beherrschung geworden ist. Sie ist so beleibt, dass ihr Bein fast so dick ist wie ich selber; dazu muss ich der Ehrlichkeit halber sagen, dass ich sehr abgenommen habe.« Der König ist der erotischen Eroberungen müde. Von religiösen Skrupeln, der Angst vor Hölle und Fegefeuer geplagt, sucht er nach einer Geistesverwandten. So entgeht den aufmerksamen Beobachtern am Hof nicht, dass in der gleichen Geschwindigkeit, mit der der Stern der Montespan sinkt, derjenige der Maintenon aufgeht. Die Maintenon ist nicht nur sehr religiös, sie kann über diesen Gegenstand auch sehr unterhaltsam plaudern.

Zwar bleibt die Montespan *maîtresse-en-titre*, weil die Maintenon eine solche Ehrung mit ihren moralischen Prinzipien nicht vereinbaren könnte. Doch es ergeht Athénaïs ähnlich wie der von ihr besiegten La Vallière: Die Position ist nur noch Schein. 1682 wird der Umzug des Hofstaates von Paris in den neuen Palast nach Versailles vollendet, wo die Montespan eine Suite neben den Appartements des Königs erhält. Die Königin hat längst die Hoffnung aufgegeben,

Ludwig zu bekehren. Wenn man sie auf eine neue Favoritin ihres Gatten aufmerksam macht, erwidert sie nur, das sei das Problem der Montespan, nicht das ihrige. Maria Theresia stirbt 1683. Der König quittiert es mit dem herzlosen Satz: »Das ist der erste Kummer, den sie mir bereitet.« Einen Tag später ist sie bereits vergessen. Der Sarg der Königin ist noch nicht unter der Erde, da wird schon spekuliert, mit welcher ausländischen Prinzessin sich Ludwig jetzt neu verheiraten sollte. Er heiratet wirklich noch im gleichen Jahr, doch es geschieht im Verborgenen, offen vor Gott, heimlich vor den Menschen, denen er seine Braut nicht ernsthaft präsentieren dürfte: Madame de Maintenon.

Der Abstieg der Montespan vollzieht sich langsam und quälend. 1684 bittet man sie, ins Erdgeschoss des Schlosses umzuziehen. Die gewachsene Entfernung zum König beträgt nur wenige Meter, dennoch ist sie in der fein gesponnenen Welt der Höflinge gleichbedeutend mit einem gesellschaftlichen Todesurteil. Sieben Jahre lang erträgt Athénaïs die Demütigungen in der Hoffnung, den König zurückzugewinnen. Als sie schließlich mit dem Rückzug in das Kloster Saint-Joseph droht, gibt es niemanden, der sie zurückhält. Stattdessen übergibt der König ihr Appartement in Versailles dem Duc de Maine, ihrem Sohn. Der lässt sofort ohne Zögern alles Gepäck seiner Mutter wegschaffen – ihre Möbel wirft er aus dem Fenster. Als ihre Kinder vom König lukrativ verheiratet werden, wird die Montespan nicht einmal zur Hochzeit eingeladen.

Im Kloster Saint-Joseph hält Athénaïs Hof wie eine gefallene Königin. Ihr Gesicht ist stark gerötet, ihr schönes Haar weiß wie Schnee geworden, schreibt man über sie nach Versailles. Dort residiert jetzt die heimliche Ehefrau Ludwigs, die Maintenon, als ungekrönte Königin. Die Ministersitzungen finden in ihrem Schlafzimmer statt, wo sie etwas abseits in einem Sessel sitzt, strickt – und kein Wort der Debatten verpasst. Tugendhafter ist der König durch dieses neue Leben zwar geworden, doch zu politischer Weisheit verhilft ihm das nicht.

In einem schändlichen und törichten Akt hebt Ludwig XIV. das Toleranzedikt von Nantes seines Großvaters Heinrichs IV. wieder auf. Ein Jahrhundert lang hatte es zwischen Katholiken und protestantischen Hugenotten Frieden und Ausgleich bewirkt. Jetzt bleibt den neuerlich verfolgten Hugenotten nur noch die Flucht. Die meisten siedeln nach Preußen über, in ein unterentwickeltes, aber religiös tolerantes Kurfürstentum. Noch spielt es auf der Landkarte Europas keine Rolle, doch nicht zuletzt dank der französischen Einwanderer wird Preußen binnen kurzem zu einer führenden Macht aufsteigen.

Auch die von Ludwig XIV. geführten Kriege werden immer sinnloser und immer grausamer. Seine Truppen verwüsten zum wiederholten Male die Pfalz, zerstören ganze Ortschaften, darunter Heidelberg, und massakrieren alle Einwohner, Männer, Frauen und Kinder. Bald heißt es, die Franzosen seien schlimmer als die Türken. Die verursachten Gräuel bilden eine der Wurzeln des deutsch-französischen Dauerkonfliktes. Verteidiger des Königs schwören, dieser hätte von allem nichts gewusst. Doch auch in Frankreich sinkt die Popularität des Königs auf den Tiefpunkt. Die finanziellen Auswirkungen der Prachtentfaltung seines Hofes und der zunehmend glücklosen Kriege treten deutlich zutage.

Von der tristen Gegenwart bekommt die gefallene Mätresse, Madame de Montespan, nichts mehr mit. In ihrer

Klosterabgeschiedenheit kämpft sie gegen die Gespenster der Vergangenheit. Sie fürchtet Gewitter, die Nacht, den Geist der verbrannten Giftmischerin Voisin und die Höllenstrafen für ihr sündiges Leben. Besessen von Todesängsten, schläft sie nur bei offenen Vorhängen und hellem Kerzenlicht. Gesellschafterinnen sind eigens angestellt, um die ganze Nacht an ihrem Bett zu wachen und sie, wenn sie aus dem Schlaf hochschrickt, wieder zu beruhigen.

Als die Montespan 1707 stirbt, verbietet der König den Kindern, Trauer um ihre Mutter zu tragen. Ludwig XIV. und Madame de Maintenon folgen ihr 1715 und 1719 in den Tod. Als man den Leichnam des Königs aufbahrt, fällt niemandem auf, dass über der Kopfseite des Bettes ein Porträt der Montespan in all der strahlenden Schönheit ihrer Jugend prangt. Selbst im Tod behält Madame de Montespan noch das letzte Wort.

Die Guillotine

Nach dem Ableben Ludwigs XIV. ist das Amt der Mätresse etabliert. Nicht einmal die Hofprediger begehren gegen die öffentliche Bigamie auf, sondern sind vielmehr bemüht, eigene Kandidatinnen in der Nähe des Königs zu platzieren. Und dennoch gelingt es Ludwig XV., dem Urenkel und Nachfolger des Sonnenkönigs, einen handfesten Skandal zu provozieren, der seines Vorfahren würdig ist: Er nimmt eine Bürgerliche zur Mätresse!

Bisher stammen die Mätressen ausschließlich aus den Kreisen des Hofadels; andere Frauen kennen zu lernen hat der König auch keine Möglichkeit. Damit jedoch kehrt sich der Wunsch des Herrschers nach einer ausschließlich ihm ergebenen Gefährtin in sein Gegenteil, denn sie ist immer auch Teil einer gierigen Adelsclique, die aus der Nähe zum König allen erdenklichen Vorteil zieht. Ganz Versailles tobt, als Ludwig XV. 1744 alle Planspiele seiner Hofschranzen durchkreuzt und eine gewisse Jeanne Antoinette Poisson allen adligen Schönheiten vorzieht. Nur bei den Bürgerlichen, glaubt Ludwig XV., gebe es fernab der erstarrten höfischen Rituale wahre, romantische Liebe. Das Verhältnis des Königs mit der Poisson, die bald zur Marquise de Pompadour geadelt wird, hat darüber hinaus eine pragmatische Seite, denn seine Mätresse ist mit den reichsten Bankiers Frankreichs verwandt. Beide Motive des Königs sind ein beredter Beweis dafür, dass ein neues bürgerliches Zeitalter naht.

Keine andere Mätresse verfügt über so viel Macht wie die Pompadour, die faktisch ein Ministeramt bekleidet. Sie bearbeitet Petitionen, fördert die Künste, steht als Schaltstelle zwischen dem König und den Höflingen. Obwohl ihre erotische Beziehung mit Ludwig XV. nur wenige Jahre anhält, kann sie ihre Machtposition bis zu ihrem Tode verteidigen. Seine sexuellen Bedürfnisse stillt der König schließlich auf anonyme Weise in einem Privatbordell im Hirschpark von Versailles, das die Pompadour selbst eigens für ihn eingerichtet hat.

Über allem schwebt die melancholische Ahnung vom baldigen Ende des *ancien régime*. Der Adel lebt wie eine höhere Rasse mitten unter der übrigen Bevölkerung Frankreichs, untätig, unbesteuert, keinem Gesetz gehorchend als der Laune des Königs. Während der Hof sich amüsiert, lebt das Landvolk in Lumpen und Lehmhütten. Die Höhe der Abgaben ist so horrend, dass Bauern es oft vorziehen, ihre

Böden unbebaut zu lassen oder ihre Ernte zu vernichten. Das Bürgertum hat keines der Rechte des Adels, nur die Pflicht, ihm die Lustbarkeiten zu finanzieren.

Vorsicht, Fälschung

Die »Tagebücher der Henker von Paris«, herausgegeben von Henri Sanson, dem letzten Scharfrichter einer Familiendynastie, die ihr blutiges Amt über 150 Jahre ausübte, sind voll von erstaunlichen Berichten. Wir erfahren ebenso rührende Einzelheiten aus dem Prozess gegen den Buchbinder einer Schmähschrift über die Madame de Maintenon wie auch über die letzten Augenblicke der Du Barry im Angesicht der Guillotine. Diese Tagebücher kursieren in verschiedenen Varianten und haben einen kleinen Schönheitsfehler: Sie sind (meist mit gut bezahlter Zustimmung des Henkerenkels Sanson) allesamt gefälscht. Für die erste Ausgabe hat kein Geringerer als der junge Honoré de Balzac die schnelle Feder geführt; ein späteres Konkurrenzunternehmen wurde unter anderem von Alexandre Dumas d. Ä. betrieben.

Im späten 18. und frühen 19. Jahrhundert hat das Bedürfnis breiter Leserschaften nach »authentischen« Memoiren und Briefen aus der guten alten Zeit vor der Revolution eine ganze Fälscherindustrie hervorgebracht. Von Romanisten längst entlarvt, führen diese Phantasieprodukte unter dem Anschein geschichtlicher Verbürgtheit bis heute ein Eigenleben auf dem Buchmarkt. Der Mythos der Marquise de Pompadour als der berühmtesten aller Mätressen beruht fast ausschließlich auf diesen Fabrikationen; er ist mittlerweile ein so verfestigtes Gemeingut geworden, dass jeder Protest von Wissenschaftlern ins Leere läuft. Seriöse Verlage publizieren nach wie vor die gefälschten Briefe der Pompadour in aufwändigen Editionen, und selbst in die Dissertation einer niederländischen Historikerin über die königlichen Mätressen haben sie als Beleg für ihre Thesen Eingang gefunden.

Einen besonders kuriosen Fall stellen die sechsbändigen »Memoirs of Madame de Montespan« dar. Mit nur rudimentärem Wissen über den Hof Ludwigs XIV. verfasst, finden sie sich dennoch auf den Internet-Seiten des »Gutenberg Project« wieder und werden zudem in mehreren Buchausgaben teuer vertrieben, denen im Jahr 2004 eine neue Edition eines renommierten amerikanischen Universitätsverlags hinzugekommen ist. Für diese »Memoiren« existiert nicht einmal eine französische Vorlage; der umtriebigen Mätresse wird demnach sogar zugetraut, ihre Lebensschilderung in Englisch abgefasst zu haben.

»Man legt mir das allgemeine Elend zur Last, die verkehrten Pläne des Kabinetts, den Misserfolg des Krieges. Eines Tages passierte es tatsächlich, dass ein wackerer alter Mann sich beim Diner dem König näherte und ihn bat, er möchte ihn doch gütigst der Frau von Pompadour vorstellen. Ein anderer überreichte vor einiger Zeit dem königlichen Rat eine großartige Denkschrift, wie man zu Geld kommen könne, ohne das Volk zu belasten: Sein Projekt bestand darin, mich zu bitten, dem König hundert Millionen vorzuschießen.« So heißt es in einem angeblichen Brief der Marquise de Pompadour. Über die Gedankenwelt der Mätresse sagt er nicht viel, weil es sich um eine Fälschung aus dem Jahr 1772 handelt, entstanden acht Jahre nach dem Tod der Pompadour, die 43-jährig an Erschöpfung gestorben ist. Doch der Brief trifft sehr genau die vorherrschende Stimmung in den letzten Jahren vor der Französischen Revolution. Die Mätressen sind verhasst; ihnen wird ein Großteil Schuld an der Misere gegeben.

Dies bekommt die Nachfolgerin der Pompadour am eigenen Leib zu spüren, Madame Du Barry, auch sie eine Bürgerliche. Als Opfer der Jakobinerherrschaft endet sie 1793 unter der Guillotine. Mit ihr stirbt das Amt der *maîtresse-en-titre* unwiderruflich aus.

Einige Nachfahren der Madame de Montespan gelangen in den Wirren der Revolution zu trauriger Berühmtheit. Ihr Urenkel, Philippe II. d'Orléans, legt seinen Adelstitel ab und stimmt als »Bürger Philippe Égalité« für die Hinrichtung seines Cousins Ludwig XVI. Seine feudale Herkunft kann er dennoch nicht ungeschehen machen; der Guillotine entgeht er gerade einmal elf Monate länger als der König. Noch erstaunlicher ist das Schicksal seines Sohnes Louis Philippe, des Ururenkels der Montespan. Der schlägt sich auf die Seite der Jakobiner, wird Offizier der Revolutionsarmee und flieht nach einer gescheiterten Verschwörung gegen die Republik 1793 in die Schweiz. Nach der Julirevolution 1830 holen ihn die Franzosen ins Land zurück und wählen ihn zum

König. Als »Bürgerkönig« agiert er so glücklos, dass er 1848 verjagt wird. Mit ihm erlischt das Königtum in Frankreich. Seine heute lebenden Nachkommen hoffen, eines Tages den Thron zu besteigen, was einigermaßen unwahrscheinlich ist. Doch wenn es je wieder einen König von Frankreich geben sollte, wird er ein Nachfahre von Madame de Montespan sein, der Mätresse des Königs.

Danksagung

Ohne Wolfgang Fandrich und Dr. Ulrich Brochhagen vom Mitteldeutschen Rundfunk sowie die Unterstützung der Mitteldeutschen Medienförderung wären Film und Buch »Mätressen« nicht zustande gekommen. Simone Baumann, Friederike Freier und Solveigh Hardt von der LE Vision haben viele Schwierigkeiten bei der Finanzierung und Produktion überwunden. Dr. Marion Hermann-Röttgen (Stuttgart), Dr. Leonhard Horowski (FU Berlin), Dr. Monica Kurzel-Runtscheiner (Kunsthistorisches Museum Wien) und Prof. Leslie Peirce (University of Berkeley) haben zahlreiche Hinweise und Richtigstellungen beigetragen. Sonya Kraus hat mit ihren Anregungen und ihren Sprachkenntnissen bei der Fertigstellung des Manuskripts sehr geholfen. Mein besonderer Dank als dem wichtigsten Ideengeber gilt Jan Peter.

Weiterführende Literatur

Im Bett mit dem Papst

Geiger, Ludwig (Hrsg.), *Alexander VI. und sein Hof. Nach dem Tagebuch seines Zeremonienmeisters Burcardus*, Stuttgart 1912 (Auflagen ab 1985 unter dem Titel *Kirchenfürsten und Intriganten*)

Hermann-Röttgen, Marion, *Die Familie Borgia*, Stuttgart 1992

Kurzel-Runtscheiner, Monica, *Die Töchter der Venus. Die Kurtisanen Roms im 16. Jahrhundert*, München 1995

Lawe, Kari, *Vannozza de Cattanei och påven Alexander VI.*, Stockholm 1997

Pastor, Ludwig von, *Geschichte der Päpste, Bde. III und V*, Freiburg, Rom 1955-56

Savio, Rossella (Hrsg.), *I Borgia*, Mailand 2002 (Ausstellungskatalog)

Schüller-Piroli, Susanne, *Die Borgia-Päpste Kalixt III. und Alexander VI.*, Wien 1979

Zapperi, Roberto, *Die vier Frauen des Papstes. Das Leben Pauls III. zwischen Legende und Zensur*, München 1997

Im Bett mit dem Sultan

Busbecq, Ogier Ghiselin de, *Turkish letters*, Oxford 1968
Freely, John, *Inside the Seraglio. Private Lives of the Sultans in Instanbul*, London 2000
Peirce, Leslie P., *The Imperial Harem: Women and Sovereignty in the Ottoman Empire*, New York 1993
Rogers, J.M. und R.M. Ward, *Süleyman the Magnificent*, London 1988 (Ausstellungskatalog)
Tralow, Johannes, *Roxelane*, Berlin 1962 (Roman)
Veinstein, Gilles (Hrsg.), *Soliman le Magnifique et son temps*, Paris 1992

Im Bett mit dem König

Bernier, Olivier, *Ludwig XIV.*, Zürich 1989
Bertière, Simone, *Les femmes du roi-soleil*, Paris 1998
Burke, Peter, *Ludwig XIV. Die Inszenierung des Sonnenkönigs*, Frankfurt a. M. 1985
Elias, Norbert, *Die höfische Gesellschaft*, Frankfurt a.M. 1983
Hanken, Caroline, *Vom König geküsst. Das Leben der großen Mätressen*, Berlin 1996
Petitfils, Jean-Christian, *Madame de Montespan*, Paris 1988
Ziegler, Gilette, *Der Hof Ludwig XIV. in Augenzeugenberichten*, Berlin 1967